Cerveja

para
leigos
Edição de Bolso

Cerveja

para leigos
Edição de Bolso

Marty Nachel e Steve Ettlinger

ALTA BOOKS
EDITORA
Rio de Janeiro, 2018

Cerveja Para Leigos®— Edição de Bolso
Copyright © 2018 da Starlin Alta Editora e Consultoria Eireli. ISBN: 978-85-508-0356-2

Translated from original Beer For Dummies. Copyright © 2012 by John Wiley & Sons, Inc. ISBN 978-11-1812-030-9. This translation is published and sold by permission of John Wiley & Sons, Inc., the owner of all rights to publish and sell the same. PORTUGUESE language edition published by Starlin Alta Editora e Consultoria Eireli, Copyright © 2018 by Starlin Alta Editora e Consultoria Eireli.

Todos os direitos estão reservados e protegidos por Lei. Nenhuma parte deste livro, sem autorização prévia por escrito da editora, poderá ser reproduzida ou transmitida. A violação dos Direitos Autorais é crime estabelecido na Lei nº 9.610/98 e com punição de acordo com o artigo 184 do Código Penal.

A editora não se responsabiliza pelo conteúdo da obra, formulada exclusivamente pelo(s) autor(es).

Marcas Registradas: Todos os termos mencionados e reconhecidos como Marca Registrada e/ou Comercial são de responsabilidade de seus proprietários. A editora informa não estar associada a nenhum produto e/ou fornecedor apresentado no livro.

Impresso no Brasil — 1ª Edição, 2018 — Edição revisada conforme o Acordo Ortográfico da Língua Portuguesa de 2009.

Publique seu livro com a Alta Books. Para mais informações envie um e-mail para autoria@altabooks.com.br

Obra disponível para venda corporativa e/ou personalizada. Para mais informações, fale com projetos@altabooks.com.br

---

Produção Editorial Editora Alta Books	**Produtor Editorial** Thiê Alves	**Marketing Editorial** Silas Amaro marketing@altabooks.com.br	**Gerência de Captação e Contratação de Obras** autoria@altabooks.com.br	**Vendas Atacado e Varejo** Daniele Fonseca Viviane Paiva comercial@altabooks.com.br
Gerência Editorial Anderson Vieira	**Produtor Editorial (Design)** Aurélio Corrêa		**Ouvidoria** ouvidoria@altabooks.com.br	
Equipe Editorial	Aline Vieira Adriano Barros Bianca Teodoro	Ian Verçosa Illysabelle Trajano Juliana de Oliveira	Kelry Oliveira Paulo Gomes Thales Silva	Viviane Rodrigues
Tradução Juliana França Sofia Braga	**Copidesque** Elton Nunes Wendy Campos	**Revisão Gramatical** Thamiris Leiroza Carolina Gaio	**Revisão Técnica** Rodrigo J. Lemos Zitólogo e Beer Sommelier	**Diagramação** Joyce Matos

---

Erratas e arquivos de apoio: No site da editora relatamos, com a devida correção, qualquer erro encontrado em nossos livros, bem como disponibilizamos arquivos de apoio se aplicáveis à obra em questão.

Acesse o site www.altabooks.com.br e procure pelo título do livro desejado para ter acesso às erratas, aos arquivos de apoio e/ou a outros conteúdos aplicáveis à obra.

Suporte Técnico: A obra é comercializada na forma em que está, sem direito a suporte técnico ou orientação pessoal/exclusiva ao leitor.

A editora não se responsabiliza pela manutenção, atualização e idioma dos sites referidos pelos autores nesta obra.

Dados Internacionais de Catalogação na Publicação (CIP) de acordo com ISBD

N119c	Nachel, Marty Cerveja para leigos - Edição de bolso / Marty Nachel, Steve Ettlinger ; traduzido por Juliana França, Sofia Braga. - Rio de Janeiro : Alta Books, 2018. 248 p. ; 12cm x 17cm. Tradução de: Beer For Dummies ISBN: 978-85-508-0356-2 1. Bebidas. 2. Cerveja. I. Ettlinger, Steve. II. França, Juliana. III. Braga, Sofia. IV. Título.	
2018-879	CDD 663.42 CDU 663.4

Elaborado por Vagner Rodolfo da Silva - CRB-8/9410

Rua Viúva Cláudio, 291 — Bairro Industrial do Jacaré
CEP: 20.970-031 — Rio de Janeiro (RJ)
Tels.: (21) 3278-8069 / 3278-8419
www.altabooks.com.br — altabooks@altabooks.com.br
www.facebook.com/altabooks — www.instagram.com/altabooks

Sobre os Autores

O curso da vida de Marty Nachel teve uma tremenda virada em 1982, durante uma viagem casual de carro para Toronto, que levou a um ainda mais casual tour pela cervejaria Molson Brewery. Marty nunca havia provado cervejas tão refrescantes e diversificadas. A partir daquela nova e maravilhosa experiência, seu futuro estava selado. Sua vida mudou para melhor.

Marty passou a visitar mais cervejarias — algo em torno de 250 — na América do Norte e Europa. E, o mais importante, começou a fabricar a própria cerveja em casa (1985). Não satisfeito em provar apenas suas cervejas, resolveu se tornar um juiz de cerveja certificado para poder provar outras também.

Em 1995, Marty fechou seu primeiro contrato com o livro *Beer Across America*, baseado nos boletins informativos que ele havia escrito para o clube *Beer of the Month*, de mesmo nome. No ano seguinte, escreveu a primeira edição de *Beer For Dummies*, seguido imediatamente do *Homebrewing For Dummies*. Devido à crescente popularidade da fabricação de cerveja artesanal, a segunda edição de *Homebrewing For Dummies* foi escrita em 2008.

Steve Ettlinger é produtor/editor/agente/coautor de mais de 40 livros orientados para o consumidor e autor de sete livros, a maioria relacionada à comida e bebida (ele produziu o best-seller *Vinho Para Leigos*). Seu primeiro livro, *The Complete Illustrated Guide to Everything Sold in Hardware Stores*, vem sendo reimpresso desde 1988. Seu livro mais recente chama-se *Twinkie, Desconstructed*. Saiba mais sobre Steve em www.steveettlinger.com [conteúdo em inglês].

Dedicatória

Marty Nachel: Dedicar este livro para minha esposa, Patti, é um minúsculo jeito de reconhecer sua paciência e tolerância infindáveis enquanto eu perseguia apaixonadamente minha vocação nesses estranhos últimos 20 e poucos anos (alguns mais estranhos que outros). Por todo o tempo em que ela me escutou falando sobre uma ótima cerveja que experimentei ou cervejaria que visitei, ou me via partindo para outro festival ou evento de cerveja, eu devo muito, muito mais a ela.

Também gostaria de dedicar este livro aos meus filhos, Drew e Jill, ambos agora na faculdade. Eles visitaram mais cervejarias quando jovens do que muita gente pela vida inteira. Fiz paradas em cervejarias, a maioria no curso de viagens de família, entre visitas a parques nacionais e temáticos. Eles toleraram pacientemente minha mania para que eu pudesse continuar a seguir com a minha paixão de escrever sobre cerveja. Espero que um dia eles reconheçam trechos de sua juventude nas páginas dos meus livros.

Agradecimentos dos Autores

Marty Nachel: Agradecer é o mínimo que posso fazer à equipe de pessoas tão dedicadas da John Wiley & Sons, Inc., pelo seu constante suporte e entusiasmo por esse projeto. A equipe inclui Tracy Boggier; David Lutton; minha tão paciente e focada editora de projeto Georgette Beatty; a revisora de texto Jannette ElNaggar; e Carrie Sherrill, do departamento de marketing, que cuidou para que meus pedidos de materiais de divulgação fossem prontamente atendidos. Por fim, mas não menos importante, o revisor técnico Clay Robinson, da fenomenal Sun King Brewery, em Indianápolis (sou fã!).

Eu me considero afortunado por ser um dos autores da série *For Dummies*. Sinto-me em dívida com o produtor de livros e coescritor Steve Ettlinger por abrir a porta desta oportunidade lá em 1996, quando escrevemos a primeira edição de *Beer For Dummies*. O foco e a atenção aos detalhes de Steve me ajudaram a deixar o livro completo, mas sua sagacidade irônica adicionou humor aos momentos e lugares em que era mais preciso.

Meus sinceros agradecimentos também a Candy Lesher, gourmand de cerveja por excelência. A contribuição de Candy com receitas originais no Capítulo 14 deste livro é inestimável. Um enorme "obrigado" a ela por me emprestar seus consideráveis talentos e credenciais para esta realização. Também contribuindo para o sucesso desse capítulo de receitas com cerveja está a provadora de receitas Emily Nolan e a analista nutricional Patty Santelli. Elas certamente devem gostar de seus trabalhos.

Agradeço também às pessoas que forneceram permissões para usar fotos e artes neste livro, incluindo Sarah Warman (em nome da BrewDog), Eric Olson (PedalPub, LLC), Alastair Macnaught (Cask Marque), Steve Krajczynski e Mali Welch (Kona Brewing Co.), e Paul Virant e Jimmy MacFarland (Vie Restaurant). Ainda, muito obrigado pelas fantásticas ilustrações criadas por Liz Kurtzman.

Finalmente, a estrada que trouxe a este livro foi longa e agradável, e tive muitas companhias pelo caminho. Eu gostaria de agradecer a essas pessoas e organizações que me inspiraram, deram suporte ou contribuíram de alguma maneira para minha paixão por cerveja. Estão inclusos o Bardo da Cerveja Michael Jackson; Charlie Papazian; Randy Mosher, Ray Daniels e muitos outros membros de longa data do Chicago Beer Society; Steve Kamp; Dick Van Dyke e os Brewers of South Suburbia (BOSS); Robin Wilson; e todos os vizinhos, amigos e parentes que já compartilharam seu tempo comigo na busca e apreciação de boas cervejas.

Steve Ettlinger: Em primeiro lugar, sou eternamente grato ao Marty Nachel por se tornar meu treinador de cerveja pessoal, pacientemente explicando várias vezes as complexas diferenças entre os diversos estilos de cerveja. Ele me ensinou tudo que sei sobre cerveja (meu pai me ensinou como a apreciar). Também sou admirador da sublime cerveja caseira de Marty.

Obrigado a todos os cervejeiros e vendedores de bebidas que cederam seu tempo para minhas perguntas intermináveis; para minha irmã, Betsy, e seus amigos, pelas informações sobre apreciação de cerveja; para minha mãe, Marge, pela edição assim como por testar as receitas gastronômicas com cerveja.

Agradeço especialmente ao CAMRA, na Inglaterra, pela assistência na pesquisa, e a Tim Smith, meu editor-chefe, pelas constantes e pacientes revisões e verificação dos fatos.

Acima de tudo, sou grato a Dylan e Gusty (Chelsea, também), pelo suporte e entusiasmo, especialmente quando se tratou de prazos estendidos e tive que passar as noites em claro longe de casa.

Cerveja pode ser divertida, mas deu muito trabalho para chegar até aqui. Nunca esquecerei a ajuda de todos vocês.

Prefácio

Eu amo cerveja. Meu pai era mestre-cervejeiro, então cresci em cervejarias e vim a apreciar as chaleiras, os tanques e o cheiro delas. Quando criança, li as receitas de cerveja da família, que têm sido herdadas por mais de seis gerações.

Em 1984, quando fabriquei minha primeira leva de cerveja Samuel Adams, não havia necessidade de um guia básico como *Cerveja Para Leigos*, especialmente nos Estados Unidos. Cervejas produzidas em massa durante 40 anos tornaram-se cada vez mais leves e brandas. E as cervejas estrangeiras, até então a única alternativa amplamente disponível, estavam frequentemente velhas devido à longa viagem cruzando os oceanos e à armazenagem prolongada.

Porém, atualmente, os apaixonados por cerveja estão no paraíso. Estamos no meio de um verdadeiro renascimento do que é conhecido como cerveja artesanal. Literalmente centenas de novas marcas e estilos estão amontoadas nas prateleiras e nos fundos dos bares — bastante intimidador para os não iniciados, a não ser que tenham um exemplar deste *Cerveja Para Leigos* com eles. Pessoalmente, adoro entrar em um bar e ver uma dúzia de torneiras de ótimos e interessantes estilos de cerveja.

Cresci sabendo que a cerveja pode ter toda a nobreza e complexidade de um vinho fino, e é divertido ver cada vez mais pessoas entendendo isso hoje em dia.

Acho que isso tem a ver com informação. Quanto mais você aprende sobre cerveja — seus ingredientes, história, fabricação —, mais respeito tem por ela. Por esse motivo aplaudo Marty Nachel e Steve Ettlinger, por escreverem *Cerveja Para Leigos*.

Neste livro, Marty e Steve contam o que é uma boa cerveja e como a encontrar e apreciar. Agradeço a oportunidade de recomendar

Cerveja Para Leigos e tenho certeza de que o livro vai o entreter, informar e deixar com sede de uma verdadeira ótima cerveja!

Felicidades,

Jim Koch

Cervejeiro, Samuel Adams Boston Lager

Jim Koch é reconhecido por muitos como o líder da atual renascença cervejeira nos EUA. Como mestre-cervejeiro, segue a tradição familiar — seis primogênitos em sua família tornaram-se mestres-cervejeiros. Seu primeiro contato com a atividade foi aos quatro anos, quando experimentou sua primeira cerveja. E adorou.

Em 1984, munido da receita original de seu tataravô, Jim inaugurou a bem-sucedida Boston Beer Company. Na época, não imaginava que existiriam mais tipos da cerveja Samuel Adams. Hoje em dia, a marca conta com mais de 30 produtos diferentes.

Sumário

Introdução 1

Parte 1: Pegando Gosto pela Cerveja....................7

CAPÍTULO 1: Beba Tudo! O Básico sobre Cerveja 9
CAPÍTULO 2: Do Sublime ao Absurdo: Ingredientes da Cerveja 21
CAPÍTULO 3: Pequena Poção Mágica: Entendendo como Se Faz........31

Parte 2: Dando uma Olhada nos Estilos de Cerveja.. 41

CAPÍTULO 4: Conhecendo as Principais Categorias de Cerveja 43
CAPÍTULO 5: Investigando a "Real" Ale 67
CAPÍTULO 6: Envelhecendo a Cerveja em Barril e em Madeira........77
CAPÍTULO 7: Mergulhando em Cervejas Extremas 89
CAPÍTULO 8: Conferindo Cervejas Orgânicas, sem Glúten.............95

Parte 3: Comprando e Apreciando Cerveja.......... 103

CAPÍTULO 9: O Melhor Jeito de Comprar Cerveja 105
CAPÍTULO 10: Olhando para a Loucura dos Rótulos..................117
CAPÍTULO 11: Servindo Cerveja 125
CAPÍTULO 12: Tornando Suas Papilas Mais Sábias 135
CAPÍTULO 13: Jantando com Cerveja.................................151
CAPÍTULO 14: Cozinhando com Cerveja..............................159

Parte 4: Explorando as Cervejas ao Redor do Mundo e em Casa 165

CAPÍTULO 15: Analisando Cervejas na América do Norte.............167
CAPÍTULO 16: Experimentando Cervejas na Europa, Ásia e Além 181
CAPÍTULO 17: Embarcando em Viagens e Excursões Cervejeiras......197
CAPÍTULO 18: Fabricando Cerveja em Casa...........................205

Introdução

Era uma vez, um homem chamado Aristeu

Sobre cerveja, nada estudou.

Cerveja Para Leigos *ele leu*

E mestre-cervejeiro se tornou.

Como muitas pessoas, descobri a cerveja sentado no colo do meu pai. Minhas primeiras lembranças relacionadas às cervejas que ele bebia são de que eram bem geladas e espumosas, como espuma de sabão — provavelmente também com um rótulo descrevendo precisamente o sabor. Pena que meu pai comprava as mais baratas.

Depois de anos inconscientemente comprando as cervejas mais baratas, como meu pai fazia, achei que minha cerveja habitual começou a ficar habitualmente sem graça e muito menos atraente. Por sorte, uma excursão por uma famosa fábrica de cervejas — Molson's, em Toronto — que fazia cervejas refrescantes e saborosas em inúmeros estilos tradicionais, abriu meus olhos para um mundo ainda não descoberto de possibilidades cervejeiras não disponíveis nos Estados Unidos naquele tempo. Beber cerveja nunca mais seria a mesma coisa para mim, pois eu tinha descoberto os segredos da verdadeira felicidade cervejeira: frescor e variedade. Desse momento em diante, saí em busca de boas cervejas e aprendi a diferença entre elas e as medíocres (e piores).

Aprender essa diferença não foi apenas fácil, como também divertido — tão divertido, de fato, que agora ganho a vida fazendo isso! Mas mesmo para bebedores casuais, um pouco de conhecimento sobre cerveja transforma uma experiência possivelmente desafiadora em agradável. Boa cerveja, ao contrário de vinhos finos, está amplamente disponível e é relativamente barata, mas escolher entre os vários estilos pode ser um pouco confuso sem ajuda. Se você se apaixonou por cerveja, tem muitos meios de aumentar sua apreciação por ela. Este livro deve ser de ajuda para principiantes, assim como para sérios entusiastas de cerveja. E a melhor notícia é que, atualmente, a boa cerveja está sendo oferecida por mais cervejeiros a cada dia.

E isso é algo para se brindar!

Sobre Este Livro

Cerveja Para Leigos — Edição de Bolso é antes de tudo um instrumento de referência. Você não tem que o ler do início ao fim (apesar de que eu não ligaria se o fizesse); pode ir para qualquer parte, capítulo, ou seção que forneça a informação de que você precisa, quando quiser. Se decidir ler o livro na ordem, verá que as informações são apresentadas em uma progressão lógica.

Convenções Usadas Neste Livro

Incluí as seguintes convenções para ajudá-lo a navegar pelo livro:

> » O **negrito** ressalta palavras-chave nas listas de marcadores e fases de ação para seguir alguma ordem específica.
>
> » Novos termos e palavras enfatizadas estão em *itálico*.
>
> » Endereços eletrônicos aparecem em fonte `monoespaçada`.

Quando este livro foi impresso, alguns endereços eletrônicos que menciono podem ter sido quebrados em duas linhas de texto. Se isso aconteceu, tenha certeza de que não incluí nenhum caractere extra (como hifens) para indicar a quebra de linha. Se você desejar visitar um endereço eletrônico que foi quebrado em duas linhas, digite exatamente o que ler neste livro, como se a quebra de linha não existisse.

Mais uma observação: você deve notar que há dois nomes na capa deste livro, ainda que o texto esteja na primeira pessoa. Muito do que está escrito neste livro é anedótico, parcial e baseado em experiências pessoais. Expressar essas passagens no singular é muito mais fácil do que as atribuir individualmente ao Marty ou ao Steve.

Só de Passagem

Se você está com pressa, sinta-se livre para pular qualquer texto marcado com o ícone Papo de Especialista ou destacado em um box cinza. Essas informações são interessantes e algumas vezes divertidas, mas não são cruciais para um profundo entendimento sobre cerveja (a não ser que você avance em trivialidades e minúcias).

Penso que...

Quando eu estava escrevendo este livro, presumi apenas uma coisa sobre você, querido leitor: você procura um guia que o ajude a entender, comprar, beber e apreciar cerveja, seja um iniciante em cerveja, que não sabe muito sobre o assunto, ou um entusiasta de cerveja que quer saber mais. Você veio ao lugar certo!

Como Este Livro Está Organizado

As primeiras partes deste livro são para as pessoas que acabaram de descobrir o mundo das cervejas de qualidade e que buscam um pouco de conhecimento ou mesmo alguma informação específica sobre cerveja — ou que querem manter uma conversa inteligente com algum entusiasta de cerveja. As últimas partes estão mais orientadas àqueles que pegaram a febre da cerveja ou que ficaram completamente enlouquecidos por ela. Por fim, este livro é um guia para incrementar seu prazer de beber cerveja, ampliando suas opções entre os muitos estilos disponíveis e abrindo seus olhos para a diversão relativa à cerveja, como fabricação caseira e viagens cervejeiras.

Parte 1: Pegando Gosto pela Cerveja

Estes três capítulos têm a função de responder às primeiras dúvidas que a maioria das pessoas novas no mundo da cerveja tende a ter.

Parte 2: Dando uma Olhada nos Estilos de Cerveja

Para qualquer pessoa que esteja começando a aprender sobre cerveja, essa parte é superimportante. Não apenas todos os antigos estilos de cerveja estão explicados em detalhes, como todos os melhores novos estilos e tendências têm ampla atenção.

Parte 3: Comprando e Apreciando Cerveja

É nesta parte que asseguro que você receba pelo que paga. Cerveja é um alimento perecível, e tem que ser transportada, armazenada e vendida como tal. Com frequência isso não acontece, tornando sua vida de consumidor de cerveja repleta de perigos.

Alguns amantes de cerveja chegam perigosamente perto de ser esnobes em relação ao assunto, quase como (arrepio!) os esnobes que bebem vinho, mas esta parte o ajuda a escolher as informações mais importantes sobre apreciação de cerveja (o que na verdade é um assunto bem complexo).

Parte 4: Explorando as Cervejas ao Redor do Mundo e em Casa

Esta parte é para as pessoas que gostam de se movimentar um pouco. O lugar onde você mora e os bares locais não são os únicos lugares para se apreciar cerveja — este capítulo traz ideias de lugares ao redor do mundo para explorar e se divertir. Mas se você gosta de ficar por perto da sua casa, considere fabricar a própria cerveja aí mesmo.

Ícones Usados Neste Livro

Ícones são as figuras que você vê nas margens deste livro. Aqui estão as explicações de todos os ícones.

LOUCOS POR CERVEJA

Os textos marcados por esse ícone contêm engraçados, intrigantes ou apenas interessantes conhecimentos ou trivialidades. É divertido, mas também pode ser educativo. É um excelente material para brincadeiras em bares de cerveja, se você gosta desse tipo de coisa.

LEMBRE-SE

Esse ícone sinaliza fatos realmente importantes, que são essenciais saber se você quer ter certeza de que entende sobre cerveja.

DICA

Esse ícone mostra indicadores, sugestões, recomendações e coisas para você fazer.

CUIDADO

Como você pode adivinhar, esse ícone significa "Não faça isso!" ou "Preste atenção e faça direito de primeira". Você pode estragar sua cerveja ou experiência com cerveja se pular o aviso.

PAPO DE ESPECIALISTA

O texto marcado com este ícone explica assuntos técnicos, que são importantes apenas se você está realmente se aprofundando em cerveja ou gosta muito do tipo de assunto. Você pode facilmente pular essas pequenas informações.

De Lá para Cá, Daqui para Lá

Aonde ir a partir daqui? Que tal ir direto para sua geladeira e pegar uma cerveja antes de se sentar e virar as páginas deste livro?

Agora, se você é um novato em cerveja, pode querer começar com o básico sobre como é feita, nos Capítulos 2 e 3. Se você já está por dentro da cerveja, mas não totalmente de todos os estilos, confira o Capítulo 4. Você se considera glutão ou gourmet? Se tem identificação, com certeza achará algo de interessante nos Capítulos 13 e 14. Você é um viajante à procura de aventuras encharcadas de cerveja? Então vai querer folhear os Capítulos 15, 16 e 17.

Se você está confuso, não se preocupe. Afinal, é só cerveja. Vá pegar uma agora, por favor!

1
Pegando Gosto pela Cerveja

NESTA PARTE...

Dizem que você deve aprender a andar antes de poder correr; então, antes de correr para seu revendedor local de cerveja, pode ser uma boa ideia passar por esta parte. Aqui é onde os mistérios da cerveja são desvendados: de que e como é feita. Estes capítulos explicam o básico que você precisa saber para se sentir confortável para seguir com seu novo passatempo — ou seja, beber cerveja.

Capítulo **1**

> **NESTE CAPÍTULO**
>
> » **Produzindo cerveja a partir do zero**
> » **Conferindo as variedades de estilos de cerveja**
> » **Comprando e apreciando cerveja de maneiras diferentes**
> » **Embarcando em uma viagem mundial de cerveja**
> » **Fazendo sua própria cerveja**

Beba Tudo! O Básico sobre Cerveja

Para muitas pessoas, a cerveja é um simples produto unidimensional que serve a dois propósitos primários: um antídoto para a sede e um barato e acessível entorpecente. (O ponto de vista de uma pessoa é frequentemente determinado pela sua idade.) Na cultura brasileira, a cerveja tem sido amplamente considerada uma bebida popular, não merecedora de respeito ou de um lugar digno à mesa de jantar.

De uma perspectiva mais global, particularmente naqueles países conhecidos pela excelência na fabricação, a cerveja é uma despretensiosa — porém respeitada — bebida socialmente aceita, com o objetivo de ser apreciada em qualquer ocasião ou a qualquer hora do dia. Ela também é produzida em vários sabores e estilos regionais, o que a torna mais proveitosa nas apreciações comparativas e até (glup!) discussões cultas.

Historicamente falando, a cerveja foi, por muito tempo, fundamental na dieta humana, assim como o respeitado ofício do fabricante de cerveja local. A cerveja não era apenas um meio de se refrescar, mas também uma importante fonte de vitaminas e nutrientes, de feliz ingestão e fácil digestão. Olhando muito além da história escrita, a cerveja também tem sido teoricamente relacionada à civilização e socialização da espécie humana. Impressionante, não?

Neste capítulo, conduzo você por uma excursão introdutória pelo maravilhoso mundo da cerveja: seus ingredientes, estilos, usos e muito mais. Aproveite!

DICA

Um dos benefícios dessa atual mania de cerveja é a grande quantidade de endereços eletrônicos que você pode visitar em busca de boas informações sobre o assunto. Note que eu disse *boas informações*; há muitas ruins por aí também. Para ter certeza de que você vai obter as boas e nenhuma ruim, seguem alguns endereços eletrônicos [com conteúdo em inglês] confiáveis para informações fiéis e convenientes sobre cerveja:

- » www.beerinfo.com
- » www.beerme.com
- » www.brewerassociation.org
- » www.craftbeer.com
- » www.realbeer.com

Apresentando os Elementos Fundamentais da Cerveja

O que é cerveja, exatamente? Definindo de uma maneira dolorosamente simples, *cerveja* é qualquer bebida fermentada feita de cereal. Especificamente, a cerveja é feita a partir destes quatro ingredientes primários:

- Grão (principalmente cevada maltada, mas também de outros grãos)
- Lúpulo (cultivado em muitas diferentes variedades)
- Levedura (responsável pela fermentação; baseada em cepas específicas para cada estilo de cerveja)
- Água (representa mais de 95% do conteúdo da cerveja)

O grão proporciona cinco características para a cerveja:

- **Cor:** A cor dos grãos usados para fazer a cerveja afeta diretamente sua cor.
- **Sabor:** O sabor da cerveja é, em um primeiro momento, o da cevada maltada, embora as características do lúpulo e da levedura tenham um papel secundário.
- **Maltose:** É o termo usado para os açúcares fermentáveis derivados do grão maltado. A levedura os converte em álcool e dióxido de carbono (CO_2).
- **Proteínas:** Ajudam a formar e firmar o *colarinho* (espuma) em uma cerveja.
- **Dextrinas:** Componentes do grão que ajudam a criar a *textura* (a sensação de corpo, ou viscosidade) da cerveja.

LOUCOS POR CERVEJA

Arqueólogos e antropólogos ajudaram a iluminar o desenvolvimento da cerveja ao redor do mundo. Evidências de fabricação de cerveja através dos milênios foram encontradas em seis dos sete continentes da Terra (nenhum resultado na Antártica). Em qualquer lugar onde os grãos cresciam em abundância, os indígenas os utilizavam para preparar uma bebida parecida com cerveja. Alguns Exemplos:

- Asiáticos usavam arroz
- Mesopotâmicos usavam cevada
- Europeus do Norte usavam trigo
- Norte-americanos usavam milho
- Africanos usavam painço e sorgo

Ao longo do tempo, os fabricantes descobriram que a cevada servia melhor para fazer cerveja, passando os outros grãos a terem um papel menor.

Lúpulos proporcionam à cerveja quatro atributos:

- **Amargor:** O amargor é essencial para o balanceamento do sabor da cerveja; ele se opõe à doçura do malte.
- **Sabor:** Os lúpulos também têm sabores que nitidamente diferem do amargor, que se somam à complexidade da cerveja.
- **Aroma:** O aroma picante dos lúpulos, que reflete seus sabores, é derivado de seus óleos essenciais.
- **Estabilidade:** Os lúpulos ajudam a dar estabilidade e conservação à cerveja; seus ácidos beta evitam a contaminação por bactérias.

Fabricantes de cerveja escolhem as famílias de leveduras baseados no estilo de cerveja que está sendo feito (veja a próxima seção para uma introdução sobre estilos de cerveja). As duas classificações principais de levedura de cerveja são:

- » Levedura Ale (*Saccharomyces cerevisiae*): Alta fermentação
- » Levedura Lager (*Saccharomyces uvarum*): Baixa fermentação

A qualidade da água para fabricar cerveja é extremamente importante, porque a cerveja é cerca de 90 a 95% água. O conteúdo mineral da água pode ser manipulado e ajustado de acordo com os requisitos do estilo de cerveja que está sendo fabricado.

Para informações adicionais sobre ingredientes de cerveja, confira o Capítulo 2. Veja o Capítulo 3 para descobrir como esses ingredientes magicamente se transformam em cerveja durante o processo de fabricação.

Examinando Diferentes Estilos de Cerveja

Genericamente falando, *cerveja* engloba todos os estilos de bebida alcoólica produzida a partir de malte fermentado, incluindo ales e lagers, e todos os híbridos e individuais que se enquadram nesses títulos. Dou uma rápida introdução sobre os principais estilos de cerveja nas próximas seções; para mais detalhes, confira o Capítulo 4.

DICA

Dentro do reino das principais categorias de cerveja, você encontra algumas verdadeiramente especiais, como as *"real ales"*, cervejas envelhecidas em barril e em madeira, cervejas extremas, cervejas orgânicas, cervejas sem glúten e cervejas *kosher*. Esses tipos de cerveja não representam estilos novos ou diferentes *per se*. Eles representam modos diferentes de se fazer e oferecer cerveja. Do Capítulo 5 ao 8 você encontra informações sobre essas cervejas.

CAPÍTULO 1 **Beba Tudo! O Básico sobre Cerveja** 13

Ales versus lagers

LEMBRE-SE

As duas principais classificações de tipos de cerveja são ale e lager. Todo apreciador de cerveja deve saber alguns fatos básicos sobre essas classificações:

» As ales são os tipos antigos de cerveja, que datam desde a antiguidade; as cervejas lagers são relativamente novas (surgiram em 1842).

» As ales são fermentadas em temperaturas relativamente altas por curtos períodos de tempo, enquanto as lagers são fermentadas a baixas temperaturas por longos períodos.

» As ales são fermentadas com *leveduras de alta fermentação* (as leveduras flutuam na superfície durante o processo), enquanto as lagers são fermentadas com *leveduras de baixa fermentação* (as leveduras afundam na cerveja durante o processo).

Até agora não doeu, né? Aproveitemos, então, para aprofundar um pouco: dentro das classificações de ale e lager, as categorias dos principais estilos de cerveja incluem Pale Ales e Brown Ales (da família ale), e Pilsners e Dark Lagers (da família lager). E a maioria das categorias dos principais estilos de cerveja inclui vários subestilos diferentes. Aqui estão apenas dois exemplos de como essa hierarquia de cerveja funciona; muitas outras são similares a essa.

Stout (um tipo de ale)	Bock (um tipo de lager)
Estilo Irish Dry Stout	Bock Tradicional
Estilo London Sweet Stout	Helles Bock
Estilo Foreign Stout	Maibock
Oatmeal Stout	Doppelbock
Russian Imperial Stout	Eisbock

Cervejas híbridas e especiais

Além das duas principais classificações de cerveja (ales e lagers), há uma terceira classificação, que é (mais ou menos) uma mistura das duas primeiras, trata-se das *cervejas híbridas*. As cervejas híbridas atravessam as diretrizes dos estilos ale e lager. Uma cerveja fermentada a baixas temperaturas, usando uma levedura ale, é um exemplo de uma híbrida, assim como uma cerveja que é fermentada em temperaturas mais altas usando uma levedura lager.

As *cervejas especiais*, por outro lado, são praticamente ilimitadas. Esse estilo extraoficial de cerveja cobre uma variedade tão grande de bebidas que é difícil de definir, mais ainda de regular. Tipicamente, as cervejas especiais são fabricadas em um estilo clássico (como a Porter ou Weizenbier), mas com algum novo sabor adicionado; algumas são feitas de ingredientes incomuns, que são então fermentados. Diretrizes são inúteis, e a anarquia cervejeira manda na sala de brassagem. A atitude "as regras que se explodam" é o que faz as cervejas especiais tão divertidas de fabricar e beber.

Comprando e Saboreando Cerveja

Com o sempre crescente número de cervejas saborosas sendo feitas nas cervejarias artesanais, somado ao bônus do aumento das cervejas importadas de todos os lugares, os consumidores atuais encaram decisões monumentais toda vez que têm que fazer uma escolha. As seções seguintes fornecem diretrizes para comprar, servir, degustar, comer e cozinhar com cerveja.

Comprando cerveja

Cerveja é alimento. E como a maioria dos alimentos, sobretudo pão, é perecível e envelhece com o passar do tempo; então, quanto mais fresca a cerveja, melhor ela é. Portanto, consumidores no caminho da iluminação querem consumir cerveja fresca e que foi manuseada corretamente para se manter fresca — particularmente se ela não tem conservantes, como é o caso da maioria das boas cervejas.

LEMBRE-SE

O frescor da cerveja tem três inimigos: tempo, calor e luz. Qualquer coisa que você possa fazer para evitar comprar cerveja que foi maltratada (e para evitar que você mesmo a maltrate) é feita em nome da cerveja fresca e saborosa. Confira o Capítulo 9 para o escopo completo sobre como comprar cerveja sabiamente.

Como todas as bebidas que contêm álcool, o governo mantém controle estrito sobre as rotulagens. Infelizmente, quando se fala de cerveja, os rótulos nem sempre ajudam os consumidores a entender o que realmente estão comprando. Similarmente, os fabricantes de cerveja tomam liberdades quando vendem seus produtos; essas liberdades de compra e venda às vezes confundem os consumidores. O Capítulo 10 conduz você por esse campo minado de leis de rotulagem e liberdades para o ajudar a fazer boas escolhas ao comprar cerveja.

Servindo e degustando cerveja

Servir e degustar cerveja não parecem ser atividades que requerem diligência; mas na realidade requerem, sim. Não saber servir uma cerveja corretamente pode ter um efeito significativo no seu prazer de beber.

DICA

Aqui você encontra algumas diretrizes para desfrutar da cerveja adequadamente:

» Certifique-se de que a cerveja está adequadamente gelada ou resfriada, dependendo do seu estilo. Muitas cervejas devem ser servidas por volta de 5 a 6 graus Celsius (42 graus Fahrenheit). (Verifique se a cerveja não está tão gelada a ponto de anestesiar sua língua.) No entanto, algumas cervejas devem ser servidas levemente frias ou à temperatura ambiente.

» Sempre sirva sua cerveja em um recipiente para beber. Em outras palavras, nunca beba direto da lata ou garrafa. Ao servir a cerveja em um copo, ela libera carbonatação, o que cria um colarinho (e diminui a textura gasosa) e dá mais ênfase a seu aroma.

16   PARTE 1 **Pegando Gosto pela Cerveja**

> Sempre certifique-se de que seus copos de cerveja estão propriamente limpos e guardados. Copos sujos e com odores podem estragar sua cerveja e lhe causar uma má impressão.

Para mais dicas sobre como servir e apreciar cerveja, dê uma olhada nos Capítulos 11 e 12.

Jantando com cerveja

O vinho já foi, certa vez, a bebida predominante nas mesas de jantar e, agora, está sendo ousadamente desafiado por aquela antiga bebida de operário chamada cerveja. Pessoas em toda parte estão descobrindo como a cerveja é versátil e interessante quando combinada com as refeições apropriadas.

Aqui estão algumas regras para começar:

DICA

> Pense na categoria lager como a equivalente ao vinho branco. Quando comparadas às ales, as lagers têm as seguintes características:
>
> - Mais leves e claras, em geral
> - Um perfil de sabor mais limitado e um grande índice de bebibilidade[1] (ou seja, tende a atrair um público maior)

> Pense na categoria ale como a equivalente ao vinho tinto. Comparadas às lagers, as ales têm estas características:
>
> - Normalmente mais escuras
> - Mais encorpadas, robustas e expressivas
> - Um perfil de sabor mais abrangente e ao mesmo tempo um menor índice de bebibilidade (ou seja, tende a atrair aqueles com o paladar mais experiente em cervejas)

---

1 N.E: Característica de uma bebida que se pode beber e que é boa para beber.

CAPÍTULO 1 **Beba Tudo! O Básico sobre Cerveja** 17

LEMBRE-SE Só para mantê-los em alerta, tenham em mente que essas orientações são bastante generalizadas — existem as Lagers Escuras encorpadas, assim como as Ales Suaves e Leves.

Ainda está curioso sobre jantar com cerveja? Veja o Capítulo 13 para aprender mais sobre combinações bem-sucedidas com cerveja.

Cozinhando com cerveja

É claro, cozinhar com cerveja tem sido comum há muito tempo — se considerarmos mergulhar uma lata de cerveja Olde Foamy em uma panela de chili[2] "cozinhar com cerveja". Com tantas cervejas novas e interessantes disponíveis no mercado atualmente, chefs de cozinha e apreciadores de gastronomia adquiriram um interesse novo pela cerveja, e elas estão mostrando sua capacidade de inovação na cozinha.

DICA Intimidado pela ideia de cozinhar com cerveja? Considere os fatores a seguir quando for escolher uma cerveja com o propósito de cozinhar:

» **Cor:** Cervejas fabricadas com muitos grãos escuros, como as Stouts e as Porters, estão mais suscetíveis a transferir suas cores para sua refeição — não é uma tonalidade apetitosa para um fettuccine Alfredo ou ovos mexidos.

» **Nível de doçura (maltada) versus nível de amargor (lupulada):** O malte é de longe o sabor predominante da cerveja em uma receita, mas o amargor da cerveja aumenta com a *redução* (isto é, a diminuição do volume da cerveja causado pela fervura). Em geral, prefira uma cerveja suave a uma arrojada e evite cervejas altamente lupuladas, como algumas Pale Ales. Reserve as cervejas mais doces e pesadas (como as Tripels belgas ou as Ales escocesas) para misturar com sobremesas ou enfeitá-las. ***Nota:*** Como a água

---

2N.E.: Prato mexicano preparado à base de carne e feijão, temperado com pimenta.

e o álcool evaporam, tanto os sabores doces como os amargos se intensificam.

» **Outros sabores:** As cervejas estão acessíveis em uma grande variedade de estilos, muitos com sabores que não são tradicionalmente associados à cerveja. Você pode encontrar Cervejas de Frutas, Cervejas de Chocolate, Cervejas Azedas e Cervejas Defumadas, entre outras. Essas cervejas com sabores apresentam muitas possibilidades culinárias, mas elas realmente não foram elaboradas para receitas comuns.

Você é destemido? O Capítulo 14 tem boas informações sobre esse tópico.

> **NESTE CAPÍTULO**
>
> » Conhecendo os fundamentos da cerveja
> » Tornando-se craque nos lúpulos
> » Adicionando outros grãos, açúcares e sabe-se lá mais o quê

Capítulo **2**

Do Sublime ao Absurdo: Ingredientes da Cerveja

A cerveja é feita quase que inteiramente de água. Água cara. Água que foi derramada, fervida, resfriada, em que foi adicionado sabor, envelhecida, bombeada para um monte de lugares, selada dentro de um contêiner e finalmente transportada para você. Mas, embora a água seja o ingrediente dominante, a cerveja é muito mais que apenas água. Seu gosto e o estilo são profundamente afetados pelos ingredientes individuais usados no processo de fabricação, apesar de apenas quatro ingredientes serem absolutamente necessários para se fazer uma boa cerveja. As quatro estrelas são:

- » Cevada
- » Lúpulo
- » Levedura
- » Água

Esses quatro ingredientes formam a base da cerveja (a maioria das boas cervejas é feita *apenas* com eles). Este capítulo explora os quatros ingredientes principais da cerveja e suas contribuições para essa bebida deliciosa. No entanto, não há fabricação de cerveja sem experimentação, e novos e raros ingredientes estão agora sendo usados a fim de explorar diferentes possibilidades de sabores. Também apresento alguns daqueles ingredientes não tradicionais que são usados para melhor ou para pior por alguns mestres-cervejeiros.

Cevada: Cereal para Cerveja, Não para o Café da Manhã

O que vem à sua cabeça quando pensa em grãos de cereais? Flocos de arroz, granola, aveia? Você pode ficar surpreso em saber que os grãos de cereais (não os flocos, mas os grãos) e muitos outros grãos são usados para fazer diferentes tipos de cerveja. Mas o grão de cereal que se apresenta como o melhor para fazer cerveja é a cevada.

Antes de poder ser usado para fazer cerveja, o grão de cevada deve ser submetido a um processo conhecido como *maltagem*, no qual a umidade estimula o processo de germinação natural dentro do grão (veja o Capítulo 3 para mais informações sobre os processos da cerveja).

A cevada maltada é responsável pela cor da cerveja, pelo doce sabor maltado, pelas dextrinas que lhe dão corpo, pela proteína para formar um bom colarinho e, talvez o mais importante, pelos açúcares naturais necessários à fermentação. O papel da cevada na fabricação de cerveja é equivalente ao das uvas na do vinho: fundamental. A cevada maltada vem em uma variedade de cores, sabores e graus de torrefação que afetam profundamente a cor e o gosto da cerveja.

Apesar de a cevada ser o grão mais comumente usado para fazer cerveja, muitos cervejeiros usam grãos adicionais, como trigo, aveia ou centeio, para acrescentar diferentes sabores às suas cervejas. Todos esses *grãos especiais* servem ao propósito de criar sabores diferentes e níveis de complexidade para a cerveja (e perplexidade aos críticos). A principal diferença entre esses grãos e os mais baratos e complementares, como o arroz ou o milho (veja a seção adiante "Asa de Morcego, Olho de Tritão: Adjuntos que Você Ama ou Odeia"), é que os grãos especiais realçam a cevada, mas não a substituem.

Lúpulo: Flores para Sabor e Aroma

Os *lúpulos* são as flores em formato de pinho de uma planta trepadeira fêmea da família de plantas *cannabis*. Eles crescem em enormes treliças de 5,5 metros de altura. Tradicionalmente, os lúpulos eram colhidos à mão por sua delicadeza, mas isso é uma raridade nos dias de hoje.

Os lúpulos têm glândulas de *lupulina*, do tamanho de uma cabeça de alfinete, uma substância viscosa que é secretada quando fervida. A lupulina contém os óleos essenciais, ácidos amargos e resinas que fazem os seguintes quatro grandes trabalhos na fabricação de cerveja — um monte de trabalho para uma flor tão pequena:

» Contribui com o amargor que contrabalança a doçura da cevada

» Acrescenta sabor

» Fornece o aroma

» Ajuda a conservar a cerveja

Os aromas acres inconfundíveis dos lúpulos (algumas vezes descritos como picantes, herbais, florais, cítricos e de pinho) são únicos; no entanto, antes do uso habitual de lúpulos na Idade Média, ervas amargas e picantes, como bagas de zimbro (que são agora usadas para fazer gim), eram utilizadas. As cervejas com aroma e sabor fortes de lúpulo são chamadas de *lupuladas*, e os fãs de cerveja desse estilo são os *lupulomaníacos*. Para eles, lúpulo = júbilo!

O quarto benefício do lúpulo para a cerveja — conservação natural — foi descoberto vários séculos depois do advento do seu uso habitual. Enquanto os ácidos alfa nos lúpulos são responsáveis por amargar a cerveja, os beta neutralizam e atrasam os efeitos inevitáveis da contaminação por bactérias, conferindo, desse modo, um maior prazo de validade à cerveja.

Nas próximas seções, falarei sobre as variedades de lúpulo e seu potencial de amargor, propriedades aromáticas e qualidades de sabor. Também direi quais tipos de lúpulo os cervejeiros usam durante diferentes estágios do processo de fabricação.

LEMBRE-SE

Nada do que ocorre naturalmente no processo de fabricação de cerveja é patogênico ou perigoso para sua saúde. (Note o uso da palavra *naturalmente*...)

Conhecendo os melhores lúpulos

Dezenas de variedades de lúpulo são cultivadas nas cinco principais regiões de cultivo de lúpulo do mundo. Frequentemente você vai ver essas variedades de nomes nos rótulos e menus de cerveja. Muitos desses tipos de lúpulo foram apelidadas com nomes que indicam suas origens; aqui está uma pequena amostra:

- » East Kent Goldings (Inglaterra)
- » Saaz (Boêmia, República Tcheca)
- » Hallertau (Alemanha)

- » Pride of Ringwood (Tasmânia)
- » Cascade (Noroeste do Pacífico dos Estados Unidos)

A grande maioria das variedades (ou *cultivares*) de lúpulo são híbridos de variedades originais, cruzadas para acumular qualidades genéticas específicas, como alto rendimento e resistência a doenças. Uma grande quantidade de empenho tem sido direcionada para o cultivo de lúpulo, considerando que é usado com requinte no processo de fabricação de cerveja, quase como são as ervas na gastronomia.

Lupulando para amargar, aromatizar e mais...

Cada tipo de lúpulo tem um perfil distinto de amargor, aroma e sabor. As diferenças entre eles são, às vezes, tão sutis que até jurados de cerveja experientes têm dificuldade em reconhecer o uso de diferentes lúpulos em uma cerveja.

Cada variedade de lúpulo é mais ou menos amarga, assim como os apaixonados rejeitados. Só que, em vez de ser medido pelo número de cartas sem esperanças e ligações suplicantes, o amargor do lúpulo é medido cientificamente e expresso em termos de teor de ácido alfa, de um baixo teor, de aproximadamente 2,5%, a um alto teor, por volta de 15%.

LOUCOS POR CERVEJA

Os cervejeiros estudam esses teores de amargor para determinar o que chamam de *potencial de amargor* de cada variedade de lúpulo, o que lhes permite substituir diferentes tipos de lúpulos (por acessibilidade ou preço) e determinar a quantidade exata necessária à determinada receita de cerveja. Eles também estudam as propriedades dos aromas e sabores únicos de cada variedade, o que lhes possibilita decidir como os lúpulos devem ser usados. E, caso você esteja se perguntando, os cervejeiros geralmente não são amargos com seus amantes (ou assim me disseram), ainda que eles provavelmente amem suas bitters [amargas] inglesas.

O aroma único de cada tipo de lúpulo vem dos óleos essenciais que evaporam durante a etapa de fervura no processo de fabricação, de modo que alguns lúpulos são adicionados depois desse estágio, a fim de transferir seu aroma para a cerveja, em uma fase conhecida como *late hopping*. Se o cervejeiro quiser ainda mais aroma na cerveja, adiciona lúpulos diretamente na cerveja na fermentação ou nos tanques de maturação, em um processo conhecido como *dry hopping*.

Os cervejeiros levam em conta todas estas variáveis — amargor, sabor e aroma — quando criam uma receita de cerveja. Por isso você vê lúpulos mencionados em alguns menus de cerveja. As pessoas realmente conhecem e apreciam esse tipo de coisa!

Levedura: Há um Fungo entre Nós

As leveduras trabalham pesado, mas realmente gostam do que fazem (como eu, na maior parte das vezes). Esse organismo pequeno e unicelular, uma das mais simples formas de vida vegetal, é responsável por executar o processo de fermentação na fabricação de cerveja, proporcionando, desse modo, uma das mais simples formas de prazer da vida (sua produção de dióxido de carbono é o que causa o aumento da massa de pão).

Muitos cervejeiros consideram suas leveduras como o ingrediente mais secreto e frequentemente guardam, com ciúmes, suas identidades, chamando-as de *segredo de mercado*.

A grande maioria das cervejas contém entre 4 e 6% de álcool, mas, ocasionalmente, os cervejeiros fazem cervejas com teores alcoólicos maiores. Nessas cervejas, depois de atingir o nível de 8 ou 10% de álcool por volume, a levedura cai em um estado de estupor, e a fermentação está efetivamente acabada. Quando o mestre-cervejeiro deseja maiores níveis alcoólicos, utiliza a ousada levedura de espumante para fazer o trabalho.

LOUCOS POR CERVEJA

A levedura ale tem uma linhagem que advém da antiguidade — suas variedades anemófilas e selvagens deram conta do recado. A levedura não era nem considerada um ingrediente de cerveja até que todo seu papel na fermentação foi descoberto e entendido. (Essa descoberta começou com a invenção do microscópio, no início dos anos 1700, e foi promovida por Louis Pasteur, aproximadamente um século depois, quando ele provou que um rápido processo de aquecimento matava bactérias e outros microorganismos. Pasteur estava mais interessado em cerveja que em leite, a propósito, como eu.) A variedade de levedura lager, desenvolvida geneticamente, foi aperfeiçoada apenas em meados dos anos 1800. Esse fato não é nada importante, exceto que antes dessa descoberta os cervejeiros não podiam fazer o que hoje é chamado de uma lager de modo planejado. Eles tinham que fabricar uma ale, fermentar e armazená-la a baixas temperaturas, e esperar pelo melhor.

Antigamente, sabendo apenas que a substância espumosa e viscosa que se acumulava no topo do tanque de fermentação era, de alguma maneira, responsável por transformar aquele líquido primário e doce em cerveja acabada, os cervejeiros de língua inglesa falaram de coração quando batizaram-na de *Godisgood* (algo como *Deusébom*), e quando as fermentações em alta temperatura azedavam, eles colocavam a culpa nas bruxas da cerveja.

Desde o final dos anos 1800, muitas variedades puras de leveduras — mais de 500 tipos diferentes — foram isoladas, identificadas e cultivadas. Bancos comerciais de leveduras fizeram o inventário dessas variedades, e algumas cervejarias particulares guardam sob seu poder as próprias culturas esterilizadas para cervejas futuras.

A levedura pode levar o crédito também pela classificação do estilo de cerveja. Mestres-cervejeiros escolhem a levedura de acordo com a receita ou o estilo de cerveja que desejam fazer. Como eu disse no Capítulo 1, a levedura é identificada como levedura ale (*alta fermentação*) ou levedura lager (*baixa fermentação*) (se ela é de *alta* ou *baixa* fermentação depende de onde se alimenta na cerveja não fermentada).

> » A levedura ale, que é uma variedade de alta fermentação, trabalha melhor em temperaturas altas (15 a 24 graus Celsius, 60 a 75 graus Fahrenheit).
>
> » A levedura lager, que é uma variedade de baixa fermentação, funciona melhor em temperaturas mais baixas (3 a 11 graus Celsius, 38 a 52 graus Fahrenheit).

LEMBRE-SE

Em razão da diferença de temperatura, cada variedade de levedura produz grandes mudanças nas características de aroma e sabor, que, por sua vez, criam os diferentes estilos que você conhece e ama (e bebe). A levedura, quando combinada com processos distintos de fermentação, contribui também com o sabor frutado e outros característicos da cerveja. Os mestres-cervejeiros tentam manter esses sabores em evidência, dependendo do estilo da cerveja que estiverem fazendo.

Água: Uma Grande Influência sobre a Cerveja

Considerando que constitui mais de 95% do conteúdo total de ingredientes de uma cerveja, a água certamente tem uma influência tremenda no produto final. Os cervejeiros de hoje têm sorte de ter capacidade para alterar e adequar o perfil mineral de uma determinada fonte de água, a fim de ajustá-lo às suas necessidades de fabricação, adicionando carbonato de sódio, magnésio, gipsita e afins.

LOUCOS POR CERVEJA

Alguns dos estilos clássicos mundiais de cerveja se tornaram clássicos por causa da água utilizada para se fazer a cerveja. As famosas cervejas Pilsner da Boêmia, como a Pilsner

Urquell, são um bom exemplo. Essas lagers secas, carbonatadas e lupuladas são feitas com a água extremamente suave dos aquíferos que ficam embaixo da cervejaria. Em contraste, as lendárias Ales Inglesas de Burton-upon-Trent, como a Bass Ale, são feitas com uma água particularmente dura (rica em sais minerais). Os cervejeiros que tentam simular essas cervejas inglesas simplesmente adicionam minerais chamados de sais de *Burton* à água de fabricação da cerveja, em um processo que se chama *burtonização*.

Você com certeza já ouviu o anúncio da cerveja "feita com a mais pura água de Petrópolis". As cervejarias gostam de se regozijar da pureza da água local usada em suas cervejas. Mas qualquer fonte de água pode ser, e geralmente é, quimicamente manipulada para se equiparar a outra — em todo caso, algumas das fontes tradicionais são tratadas.

Asa de Morcego, Olho de Tritão: Adjuntos que Você Ama ou Odeia

Embora os quatro ingredientes, cevada, lúpulo, levedura e água, sejam tudo do que você precisa para fazer cerveja, não são em hipótese alguma os únicos ingredientes usados. Grãos adicionais, açúcares naturais e condimentos são frequentemente adicionados para criar sabores únicos ou para cortar custos. Essas pequenas adições são chamadas de *adjuntos*.

Cervejeiros criativos gostam de usar uma grande variedade de ingredientes não tradicionais, incluindo especiarias, frutas e grãos, para dar às suas cervejas um sabor único e incomum. As grandes fábricas de cerveja, por outro lado, tendem a usar os grãos adjuntos mais para cortar custos do que para criar cervejas diferentes ou inovadoras.

Muitas cervejarias utilizam grãos adjuntos, que incluem grãos de cereal não maltados, como o milho e o arroz, para economizar dinheiro, pois a cevada é um grão relativamente caro. Usar milho e arroz como adjuntos também produz cervejas mais suaves e menos maltadas. Enquanto alguns cervejeiros europeus usam entre 10 e 20% de grãos adjuntos em suas cervejas, alguns grandes cervejeiros norte-americanos são conhecidos por usar de 30 a 40% de grãos adjuntos (e é por isso que algumas pessoas chamam essas cervejas de "*adicione porcaria*"!). Na Alemanha, o uso de adjuntos — ou qualquer coisa que não malte, lúpulos, levedura ou água — em lagers já foi proibido pela famosa Lei da Pureza Alemã.

Adjuntos que não são grãos incluem:

- Açúcar mascavo
- Mel
- Lactose
- Xarope de bordo
- Melaço
- Caramelo

Em seguida, você tem os aditivos químicos e conservantes, incluindo mais de 50 antioxidantes, otimizadores de espuma e diversas enzimas. Todos esses ingredientes são permitidos pela lei, mas muitas pequenas cervejarias se orgulham da exclusão voluntária desses aditivos e conservantes.

Que alguns cervejeiros coloquem alguns ingredientes estranhos nas suas cervejas não é mais incomum. Atualmente, amantes de cerveja aventureiros podem encontrar cervejas com frutas ou com aroma de frutas, alcaçuz, ervas e especiarias, e até mesmo pimentas jalapeño inteiras diretamente na garrafa! E, enquanto o mercado puder suportar, os cervejeiros vão continuar a apresentar cervejas com novos e únicos ingredientes.

NESTE CAPÍTULO

» Identificando os equipamentos em uma cervejaria

» Percorrendo o processo de fabricação de cerveja

Capítulo 3
Pequena Poção Mágica: Entendendo como Se Faz

Fabricar cerveja é relativamente complexo e envolve uma grande quantidade de equipamentos, especialmente quando comparado com a fabricação de vinho. Os ingredientes são torrados, triturados, aquecidos, esfriados, fervidos, mexidos e assim por diante. Os mestres-cervejeiros têm espaço aberto para afirmar seu paladar e demonstrar seu talento, mas fazer cerveja demanda muito trabalho e habilidade. O símbolo do mestre-cervejeiro é o mesmo do alquimista, uma estrela de seis pontas. Não era para menos.

Após ler este capítulo, você vai apreciar o tanto que um mestre-cervejeiro deve trabalhar para alcançar o equilíbrio entre como todos os sabores, aromas e texturas dos vários ingredientes e processos contribuem para essa bebida complexa. O grande esforço para balancear o aroma final, o paladar e o acabamento da cerveja, levar em conta todas as variáveis e ver que o preço de um copo vale a pena quando a cerveja dá certo. (Quando souber reconhecer quando ela dá certo, confira o Capítulo 12 para as nuances da apreciação de cerveja; o Capítulo 2, para um resumo dos ingredientes; e o Capítulo 4, para dar uma olhada nos estilos de cerveja.)

DICA

Uma visita a qualquer cervejaria vai lhe mostrar que, embora todas as cervejarias estejam no negócio de fabricação de cerveja, nem ao menos duas delas são exatamente iguais em termos de uso de equipamentos e no processo que seguem. Os proprietários de pubs cervejeiros geralmente gostam de mostrar suas cervejarias. Os *pubs cervejeiros* — restaurantes/tabernas com pequenas cervejarias anexas — são menos automatizados que as grandes cervejarias e têm tudo em menor escala.

Caldeiras, Tonéis e Tanques: Equipamento para Fabricar Cerveja

Embora o equipamento necessário para fazer cerveja tradicionalmente fosse relativamente simples, as grandes cervejarias comerciais de hoje usam equipamentos que fazem tudo, desde quebrar o grão até fechar as caixas, e uma infinidade de outras tarefas. A lista a seguir traz o básico:

» Muitas pessoas ao visitarem uma cervejaria reconhecem imediatamente a grande e redonda panela de cozimento que normalmente domina a sala de brassagem. Em algum lugar próximo geralmente está uma segunda tina, algumas vezes menor, chamada de *tanque de mostura*, e se o lugar é grande e fabrica lagers tem ainda mais uma, chamada de *tina de clarificação*.

LOUCOS POR CERVEJA

Tradicionalmente, esses recipientes eram feitos por tanoeiros e frequentemente chamados simplesmente de *coppers [copper quer dizer cobre em inglês] em uma alusão à matéria-prima dos tanques*. Hoje em dia, o termo caiu em desuso, principalmente porque o moderno equipamento de cerveja é fabricado com aço inoxidável relativamente barato e fácil de conseguir.

» Após a utilização dos três recipientes, a cerveja é bombeada (e ao mesmo tempo resfriada) para um grande tanque, chamado de *fermentador*. Por razões de higiene, os fermentadores geralmente são recipientes herméticos, que permitem apenas a saída da pressão do dióxido de carbono que se dá na parte de dentro. No entanto, alguns tradicionalistas, particularmente na Grã-Bretanha e na Bélgica, ainda permitem que suas cervejas sejam fermentadas em recipientes abertos, e alguns inclusive encorajam fermentações espontâneas causadas por leveduras aéreas e selvagens (os fabricantes da Lambic belga, por exemplo).

» Nesse ponto, cada cervejaria utiliza diferentes tipos de tanques e faz diferentes coisas com suas cervejas. Por exemplo:

- Muitas cervejarias deixam a cerveja passar por um breve processo de maturação depois da fermentação inicial, usando recipientes adicionais, sabiamente chamados de tanques de maturação, para esse propósito.

- Em seguida, as cervejarias transferem a cerveja maturada dos *tanques de maturação* para os tanques de finalização para prepará-las para sua introdução na sociedade.

DICA

- Caso você esteja levando esse assunto realmente a sério e andando ao redor de uma cervejaria com este livro como guia, note que (antes de bater sua cabeça contra o aço inoxidável sem querer) os cervejeiros tendem a usar esses termos de tanques livre e indistintamente. Tanques de maturação são frequentemente chamados de tanques de fermentação secundários (pois a primeira fermentação ocorreu no anterior); os tanques de finalização são alternadamente chamados de tanques de acondicionamento pelas megacervejarias, de *tanques de servir e de conservar* cerveja ou de *tanques brilhantes* (*brilhantes* porque a cerveja já clarificou nesse ponto). Ficou claro?

CAPÍTULO 3 **Pequena Poção Mágica: Entendendo como Se Faz**

> » Pelo fato de que a cerveja deve ser regularmente transferida de um recipiente para outro durante os processos de fabricação e envelhecimento, e porque tudo tem que estar superlimpo, vários tubos e mangueiras são espalhados por toda a cervejaria, fazendo com que algumas instalações se pareçam com uma máquina de Rube Goldberg. Pise com cuidado!

Nota: Depois do tour pela cervejaria, não esqueça que você "tanque" agradecer!

Então, se você está se coçando para começar a própria cervejaria, só vai precisa de, ah, mais ou menos um milhão de reais para obter todo o equipamento básico.

Alquimia das Ales: O Processo de Fabricação

Explicar a sequência de passos habitual para fazer cerveja a nível comercial é um pouco técnico — você tem minha permissão para pular esta parte e seguir em frente. Se vai ficar por aqui, pegue uma cerveja e fique à vontade.

Malteação

A primeira etapa da fabricação de cerveja é a *malteação*, na qual a cevada em estado natural (ou algumas vezes o trigo) é convertida em cevada maltada (também conhecida como *malte de cevada* ou apenas *malte*). Se quiser ser mais técnico, o processo de malteação envolve preparar o amido dentro do núcleo (o *endosperma*) para conversão em um açúcar solúvel chamado maltose através da estimulação do processo de germinação natural com umidade.

PAPO DE ESPECIALISTA

Frequentemente, os *produtores de malte profissionais* (as companhias que malteam o grão), com grandes instalações de malteação, controlam todo o processo e vendem o malte para cervejarias. As megacervejarias, por outro lado, geralmente fazem a própria malteação em um esforço de controlar o processo assim como os gastos financeiros.

Pense que é em um prado de primavera úmida, e não no chão de alguma fábrica enorme, que a planta da cevada começa a crescer. Quando esse pequeno rebento (chamado de *acrospira*) atinge um certo comprimento, o fabricante de malte difunde ar quente através do canteiro de grão, parando com a fria germinação (desculpe — quente!) e tornando o grão cevada maltada. Quem disse que não é legal brincar com a mãe natureza?

Após o malte estar seco, seus fabricantes separam uma parte e a torram ainda mais em uma estufa, a fim de que surjam várias cores e sabores torrados ou tostados responsáveis por criar cores e sabores distintos na cerveja, como acontece com os grãos de café. Os fabricantes também aquecem alguns maltes até o ponto de ficarem cristalizados, carbonizados ou profundamente amorenados, maliciosamente chamados de *malte cristal*, *malte escuro* ou *malte chocolate*, respectivamente. O malte cristal é um pouco crocante e divertido de comer nesse estágio (peça um punhado a um cervejeiro), e também pode ser usado para fazer outros produtos, como leite maltado (que não é tão legal quanto a cerveja).

Moagem

Antes que os cervejeiros coloquem o grão (que pode ser maltado e não maltado) dentro do tanque de mostura e comecem a fabricação (veja a próxima seção para detalhes), eles têm que o moer. A *moagem* é um termo relativo aqui; a intenção não é fazer farinha — apenas quebrar a casca do núcleo da cevada para expor os amidos internos.

CAPÍTULO 3 **Pequena Poção Mágica: Entendendo como Se Faz**

O cervejeiro então transfere o grão rachado, agora chamado de *grist*, para o tanque de mostura. Se o grão precisa ser mexido e movimentado, deve ser movido por um trado ou transportadora (antigamente, tudo era movido pela gravidade, de um andar para outro abaixo).

Brassagem

Após o grão estar no tanque de mostura, o cervejeiro o infunde em água quente, como se estivesse fazendo milhares de xícaras de chá. Muito frequentemente, o cervejeiro mistura diferentes tipos de maltes ou grãos especiais (como aqueles mencionados no Capítulo 2) para conseguir cores e sabores únicos. Ele então mede o pH da água (através de sua acidez e alcalinidade) e o ajusta conforme for necessário. Combinados, o grão e a água criam um denso mingau, chamado de *mosto*. Controles rigorosos de tempo e temperatura ajudam a converter com eficácia os amidos de dentro do núcleo em açúcares naturais.

Quando o cervejeiro determina que a mostura está completa, transfere o espesso, doce e viscoso *mosto* (como o sumo do malte é agora chamado) do tanque de cozimento para a fervura (veja a próxima seção para detalhes dessa parte do processo). Dependendo do método de brassagem, o cervejeiro ou drena o líquido por um fundo falso que retém os grãos no tanque de mostura ou, se a cerveja for uma lager, transfere primeiro para uma tina de clarificação, que é construída como um coador gigante de cozinha.

LOUCOS POR CERVEJA

O grão, agora chamado de *bagaço*, não tem mais uso para o cervejeiro após a brassagem, então ele geralmente o vende ou doa para fazendeiros locais para ser usado como comida de porco. Alguns cervejeiros utilizam o bagaço para assar um pão com alto teor de fibras (eu me pergunto se isso é vendido).

Fervura

Após o processo de brassagem, o mosto é fervido no tanque de fervura — geralmente por uma hora ou mais. A fervura realiza muitas coisas, não menos do que a completa esterilização do líquido e de qualquer outro ingrediente adicionado a ele.

O tanque de fervura é também onde o cervejeiro tenta equilibrar o sabor doce do mosto com os agradáveis efeitos amargos dos lúpulos. Ao escolher uma quantidade medida de uma certa variedade de lúpulo ou uma combinação de muitas variedades, adicionando-a nos tempos prescritos (*lúpulos de amargor* no início, *lúpulos de sabor* mais ao fim da fervura e os *lúpulos de aroma* realmente no final), o cervejeiro dá à cerveja a indelével assinatura do lúpulo. Quando adicionado habilidosamente e de maneira imparcial, os atributos de amargor, sabor e aroma do lúpulo ficam em perfeito contraste e equilíbrio em relação ao sabor e complexidade do malte. Essa é a arte do cervejeiro.

PAPO DE ESPECIALISTA

O cervejeiro pode infundir lúpulo de caráter aromático adicional por um processo chamado de *dry hopping*, em que o cervejeiro coloca lúpulos aromáticos diretamente no fermentador secundário junto com a cerveja depois de ter sofrido a fermentação primária. A próxima seção tem mais detalhes sobre fermentação.

Depois de uma ou duas horas de tempo de fervura, o cervejeiro desliga a fonte de calor e prepara a cerveja, agora chamada de *mosto lupulado* ou *amargo*, para transferir ao tanque de fermentação. Em seguida, é hora de remover os lúpulos. Os lúpulos podem ser removidos por um *extrator de lúpulo*, de funcionamento parecido com o falso fundo do tanque de mostura, ou por um *whirlpool*, em que a força centrífuga empurra toda a matéria sólida para o centro do recipiente, e o mosto, agora clarificado, é extraído pelo lado.

O cervejeiro bombeia o mosto do tanque através de um *chiller de mosto*, ou trocador de calor, que funciona como o radiador do seu

CAPÍTULO 3 **Pequena Poção Mágica: Entendendo como Se Faz** 37 carro e utiliza água fria, ou um fluído refrigerante para uso com alimentos para rapidamente baixar a temperatura do mosto. Agora livre de sólidos indesejáveis, o mosto quente precisa esfriar rapidamente por duas razões:

> » Líquido quente e doce é o meio perfeito para o desenvolvimento de bactérias.
>
> » O mosto tem que ser preparado para a levedura, que pode ser negativamente afetada por qualquer temperatura acima de 38 graus Celsius, ou 100 graus Fahrenheit.

Fermentação

Após ferver e resfriar o mosto, o cervejeiro o bombeia para o tanque de fermentação e *inocula*, ou adiciona, uma porção de leveduras frescas e aeradas ao tanque. As fábricas de cerveja comerciais usam aproximadamente um litro de levedura para cada barril (aproximadamente 117 litros) de cerveja. Esse pouquinho de leveduras desfecha um golpe.

Nesse ponto, o cervejeiro ou veda o fermentador ou deixa-o aberto ao modo natural, dependendo do estilo de cerveja que está sendo feita, para a *fermentação primária*. Durante a fermentação primária, a levedura consome os açúcares maltosos liquefeitos criados durante o processo de brassagem. Em retorno, a levedura produz dióxido de carbono e álcool. Depois de 24 horas da inoculação da levedura, uma fermentação vigorosa acontece e uma espessa camada de espuma densa aparece no topo do líquido turvo. Esse processo continua por cinco ou dez dias, dependendo da variedade da levedura assim como da temperatura da fermentação — determinada, mais uma vez, pela receita. (Quanto mais baixa a temperatura da fermentação, mais devagar é a ação das leveduras.)

Maturação

A cerveja envelhece rapidamente, em comparação ao vinho e às pessoas (especialmente as pessoas que bebem cerveja, claro). Como mencionei anteriormente neste capítulo, depois que a fermentação primária está completa, o cervejeiro transfere a cerveja para um tanque de maturação chamado de *tina de fermentação secundária* para — adivinha — a fermentação secundária e um período de envelhecimento e maturação, que varia de algumas semanas (para ales) a alguns meses (para lagers), dependendo do estilo de cerveja. Um pequeno pub cervejeiro pode reduzir a maturação e mandar a cerveja direto para o tanque de cerveja clarificada para o estágio final e vendê-la como chope (veja a próxima seção para mais informações).

Acondicionamento

Depois de ser dada à cerveja a quantidade apropriada de maturação (também conhecida como condicionamento), ela está pronta para ser embalada para o consumo.

Nos pubs cervejeiros, em que a cerveja será servida no local, o proprietário do pub transfere a cerveja acabada para o tanque de cerveja pronta, que, nesse caso, é frequentemente chamado de tanque de servir, de conservar cerveja ou tanque de cerveja clarificada. O tanque, que atua como um barril gigante, é normalmente conectado diretamente ao dispositivo da torneira no bar de onde a cerveja é tirada.

Em muitas megacervejarias, em que a cerveja é embalada e enviada por navio, o mestre-cervejeiro extrai a cerveja do tanque, depois da quantidade de tempo apropriada de condicionamento, para ser filtrada e embarrilada (sob pressão), engarrafada ou enlatada. A cerveja engarrafada ou enlatada pode ser pasteurizada a fim de matar qualquer célula intrusa de levedura ou bactéria que possa ter escapado durante o processo. No entanto, a cerveja embarrilada, que não é enviada para fora, raramente é pasteurizada, uma grande diferença para alguns consumidores de cerveja. Por quê? A desvantagem da pasteurização é que, embora crie um produto mais estável, também o prejudica de certa maneira, matando um tanto do sabor da cerveja quando o faz com os microrganismos ruins.

O processo de pasteurização estabiliza a cerveja aquecendo-a até temperaturas relativamente altas. A *pasteurização em túnel*, preferida pelas megacervejarias, borrifa água quente sobre as garrafas e latas por mais de uma hora. Um método mais suave, preferido pelos microcervejeiros, é chamado de *pasteurização relâmpago*, que pode usar água extremamente quente ou até vapor, mas por não mais que um minuto mais ou menos.

LEMBRE-SE Na Alemanha, apenas o chope que está escalado para exportação é pasteurizado. Em outras partes do mundo, as chances são de 50-50 que o chope para exportação esteja pasteurizado. Tenha em mente que a cerveja não pasteurizada geralmente tem um gosto melhor, mas somente se está fresca; é provável que esse tipo de cerveja estrague mais rápido.

Limpeza

Os cervejeiros dizem que no fim do processo há mais água no chão da cervejaria que no barril de cerveja, devido a toda limpeza e lavagem que deve acontecer antes e depois de cada fabricação (certifique-se de vestir suas galochas quando visitar uma fábrica). Higienizar o equipamento de produzir cerveja é tão importante para fazer uma boa cerveja quanto limpar a cozinha é para cozinhar uma boa comida (muitas cozinhas gourmet são limpíssimas). Assim, a limpeza é uma parte integrante do processo de fabricação de cerveja.

Dando uma Olhada nos Estilos de Cerveja

NESTA PARTE...

Tantas coisas aconteceram na indústria cervejeira ao longo das duas décadas passadas que usei esta parte quase inteira para as classificar. Graças à renascença da cerveja que estamos experimentando, a indústria está bem encorpada (se você me perdoa o trocadilho) e dinâmica; os estilos de cerveja estão sendo reavivados e inventados com regularidade.

Como se não fosse o suficiente, pensei que também poderia ser uma boa ideia acender uma luz sobre certos nichos de cerveja que se destinam às necessidades ou preferências de certos segmentos da população. Então, mergulhe!

> **NESTE CAPÍTULO**
> » Descobrindo como a cerveja é classificada
> » Entendendo como diferenciar os vários traços da cerveja
> » Degustando os muitos estilos de cerveja que há por aí

Capítulo **4**

Conhecendo as Principais Categorias de Cerveja

O que estava faltando no cenário da cerveja por muitos anos volta agora com estilo: o estilo mesmo (o da cerveja, para ser mais preciso). A cerveja está agora sendo fabricada em uma grande profusão de estilos, tanto que novos estão efetivamente sendo inventados. Mas não foi sempre assim.

Olhando para trás, para a história da cerveja, as ales são consideradas a cerveja da antiguidade. Eventualmente, na metade do século XIX, a cerveja lager tomou conta. E em algum lugar ao longo do caminho, o conceito de cerveja híbrida foi introduzido.

Neste capítulo, descrevo as principais diferenças entre as ales, lagers e as cervejas híbridas. Também observo alguns traços importantes da cerveja, que você pode usar para descrever os vários estilos.

Os Dois Grandes Ramos na Árvore Genealógica da Cerveja

Se você é novo no mundo além da Budweiser, deve estar se perguntando: "O que é uma ale?" e "O que é uma lager?" — assim como a óbvia continuação — "Qual é a diferença?"

LEMBRE-SE

Todas as cervejas são feitas como ales ou lagers; *ale* e *lager* são os dois ramos principais (classificações) da árvore da família da cerveja e são ramos estreitamente relacionados. As ales são as cervejas mais antigas, distintas e tradicionais do mundo, antecedendo-se às lagers em milhares de anos; ao passo que as lagers são uma criação relativamente moderna, com menos de 200 anos.

Nas próximas seções, explicarei como os cervejeiros usam os diferentes tipos de levedura para criar ales e lagers, e observo as diferenças no sabor que você deve encontrar nelas.

A levedura faz a cerveja

O ramo da família de cerveja — ale ou lager — corresponde ao tipo de levedura usada para fermentá-la. Você tem levedura ale e levedura lager, e esses tipos de levedura, por sua vez, normalmente ditam a temperatura na qual a cerveja é fermentada. As ales são tradicionalmente fermentadas a temperaturas mais altas (de 12 a 21 graus Celsius), enquanto as lagers são normalmente fermentadas a temperaturas mais baixas (de 3 a 10 graus Celsius).

As temperaturas mais frias na fermentação e maturação, usadas com as leveduras lagers, diminuem a atividade da levedura e requerem um tempo mais longo de maturação. O ambiente frio inibe a produção de aromas frutados (chamados de *ésteres*) e de outros subprodutos de fermentação comuns nas ales. Esse processo cria o sabor mais limpo da lager. A maturação longa (ou *lagering*) também suaviza a cerveja.

Você pode sentir a diferença, algumas vezes

Sabor — ah, sim. Todo iniciante quer saber qual é a diferença de sabor entre as ales e as lagers. Se fosse assim tão fácil! É quase como perguntar como o sabor dos vinhos tintos diferem dos vinhos brancos. (Dica: veja a última edição da Alta Books do maravilhoso livro irmão, *Vinho Para Leigos*, de Ed McCarthy e Mary Ewing-Mulligan.)

LEMBRE-SE

As ales compartilham muitas características comuns, assim como as lagers, mas elas se sobrepõem tanto que qualquer distinção absoluta sobre as duas classes está geralmente errada. Essa sobreposição cria confusão e a necessidade de especialistas explicarem as diferentes características, mas também cria a necessidade de explorar a cerveja. Você não queria ser um explorador? Agora é a sua chance.

Você pode dizer que as *ales* em geral:

- » Incluem cervejas com sabor mais robusto
- » Tendem a ser frutadas e aromáticas
- » Incluem cervejas mais amargas
- » Têm aromas e sabores pronunciados e complexos
- » São apreciadas mais quentes (7 a 12 graus Celsius)

E você pode dizer que as *lagers* em geral:

- » Incluem cervejas com gosto mais suave
- » Tendem a ser altamente carbonatadas ou secas
- » Tendem a ser macias e suaves
- » Têm aroma e sabor sutis, limpos e balanceados
- » São servidas razoavelmente frias (3 a 7 graus Celsius)

Se alguma pessoa disser: "Não gosto das ales" ou "lagers me dão dor de cabeça", responda dizendo que simplesmente muitas variedades existem para esse tipo de distinção ser feito e que muita água pode rolar (ou cerveja, no caso). Chamada para a exploração de cerveja!

Cervejas da Velha Guarda: Entendendo as Ales

Como observei no começo deste capítulo, a ale é a classificação de cerveja que precede a história escrita. Presume-se que as verdadeiras primeiras cervejas produzidas por nossos antepassados hominídeos eram uma forma bruta de ale, espontaneamente fermentada pelas leveduras selvagens aéreas. Essas leveduras se tornaram conhecidas como de alta fermentação pela sua propensão a flutuar no topo da cerveja quando fermenta. Por isso, as ales são, da mesma forma, consideradas cervejas de alta fermentação.

Remontando à antiguidade, muitas ales eram densas e parecidas com sopa de aveia, frequentemente contendo pedaços do grão que foi usado para as fabricar, e opacas pela levedura que as fermentou. As ales eram também bastante escuras e frequentemente defumadas devido ao processo de secagem do grão sobre o fogo. Na Escócia, em que o grão era secado sobre fogueiras de turfa, a ale local pegou a característica da sua bebida irmã, o uísque.

A premissa básica da fabricação de ales é fermentá-las a temperaturas bem altas (12 a 21 graus Celsius). A essas temperaturas, a levedura tende a permanecer bem ativa, completando o processo de fermentação de modo curto — em aproximadamente uma semana ou mais. A levedura ale gosta de flutuar no topo da cerveja enquanto fermenta, então passou a ser conhecida como *levedura de alta fermentação*.

Praticamente todo estilo de cerveja anterior ao advento da refrigeração artificial, nos anos 1800, qualifica a ale como do Velho Mundo; no entanto, aqueles estilos de ale que estão no final mais claro do espectro de cor, assim como aqueles estilos que são servidos claros como cristal, certamente foram beneficiados pela tecnologia da nossa era moderna. As cervejas não são mais todas escuras, defumadas e turvas, graças à alta tecnologia dos aparatos de secagem de grãos e sistemas de filtragem.

Não muito diferentes das poções fermentadas por leveduras selvagens fabricadas pelos nossos ancestrais neolíticos, algumas cervejarias comerciais ainda produzem suas ales únicas com um método bastante antiquado e, de alguma maneira, arriscado. Depois de pronta, a cerveja é despejada em recipientes amplos, rasos e abertos, então a mãe natureza toma conta. A microflora residente encontra seu caminho na cerveja desprotegida, produzindo algumas das mais estranhas e exóticas — para não dizer ácidas — cervejas do planeta. A maturação e a mistura com outras cervejas amenizam a pegada ácida dessas ales, mas elas ainda são qualificadas como gosto adquirido.

Poucos cervejeiros no mundo produzem cervejas de fermentação espontânea, e uma coisa que todos compartilham é a importância do local das suas cervejarias. (Eu realmente disse leveduras *residentes*.)

A "Nova" Cerveja do Pedaço: Familiarizando-se com as Lagers

A chave para entender a cerveja lager está na própria palavra *lager*. A palavra alemã *lagern* significa armazenar. As lagers são maturadas, ou armazenadas, por longos períodos de tempo a temperaturas variando entre 3 a 10 graus Celsius. Esse longo período de maturação é o que dá às cervejas lagers uma suavidade e bebibilidade que raramente se encontra entre as ales.

Somente o longo período de maturação não torna a suavidade das lagers possível; menores temperaturas na maturação também são imperativas para atingir a sutileza das lagers. Os primeiros fabricantes de lagers frequentemente alocavam suas instalações da cervejaria em terrenos montanhosos ou em suas proximidades para poder cavar adegas subterrâneas a fim de armazenar suas cervejas. Os cervejeiros das planícies, que tinham que renunciar às cavernas Alpinas, cortavam enormes blocos de gelo dos lagos e rios locais no inverno para armazená-los em uma câmara fria a fim de atingir o mesmo efeito de maturação fria das lagers nas suas cervejas. Com o advento da refrigeração com gás comprimido, no final dos anos 1800, os cervejeiros que podiam pagar por essa tecnologia ultramoderna eram capazes de estabelecer sua loja em qualquer lugar que quisessem — com uma montanha de ar rarefeito ou um lago congelado à vista.

A natureza do longo e frio processo de maturação lager desacelera a atividade da levedura. Devido às frias temperaturas de fermentação e maturação, a habilidade de fermentação da levedura diminui, e os cervejeiros acham necessário *inocular*, ou adicionar, uma maior quantidade delas nas suas cervejas do que o típico para fermentação das ales.

A levedura também cai fora da suspensão, instala-se no fundo do fermentador, bem no início do processo, e continua a fazer seu trabalho de lá. Dessa forma, a levedura lager é também conhecida como *de baixa fermentação*, e a cerveja lager é considerada uma cerveja de baixa fermentação.

Em qualquer medida, a introdução da refrigeração artificial é a linha divisória entre as ales, do Velho Mundo, e as lagers, do Novo Mundo — apesar de que as lagers já estavam sendo produzidas sem aquela tecnologia. Mas a qualidade das lagers foi imensuravelmente aprimorada pelo total controle que os cervejeiros agora tinham sobre os processos de fermentação e maturação. A longa duração do processo de fabricação das lagers também teve um efeito secundário na cerveja: ela ficou clara como cristal na hora de embalar.

Misturado: Tomando Nota das Cervejas Híbridas

Como muitas famílias, as cervejas podem ter parentescos misturados. Esses tipos de cerveja vêm sendo apelidados de cervejas *híbridas*. Como você vai descobrir nas próximas seções, elas existem devido à desconsideração a convenções pelos cervejeiros, ao fermentar uma cerveja com leveduras lager e a temperaturas de ale (altas), e uma com leveduras ale a temperaturas de lager (baixas). Excêntrico, hã?

Alta fermentação com levedura lager

As temperaturas precisas utilizadas para produzir cervejas híbridas e o tempo de fermentação e maturação não são ciências exatas. Os processos variam de um mestre-cervejeiro para outro, assim como as próprias cervejas que são criadas.

Não são muitos estilos de cerveja que representam esse tipo de hibridismo. O estilo mais famoso é conhecido como *Steam Beer*, mas como a cervejaria de São Francisco que o popularizou também registrou o nome Steam Beer, o estilo é agora genericamente chamado de *California Common Beer*. (O estilo Steam Beer também é conhecido na Alemanha como *Dampfbier*. Veja a seção mais à frente "Cervejas híbridas" para mais informações.)

Baixa fermentação com levedura ale

As leveduras ales, quando fermentadas a altas temperaturas (o processo usual), tendem a produzir sabores frutados e *ésteres* (aromas) frutados ou florais. Quando as cervejas são fermentadas com levedura ale a baixas temperaturas, no entanto, a produção de ésteres das leveduras é reduzida, produzindo, desse modo, uma cerveja com aroma mais contido e um sabor refinado que imita as cervejas lagers.

Como os mestres-cervejeiros tendem a ter jeitos próprios de fazer as coisas, fixar as temperaturas exatas ou a duração da fermentação dessas cervejas é difícil. Por isso, você também pode esperar cervejas individualizadas desses caras.

Os três estilos de cerveja mais comuns nessa categoria híbrida são Altbier, Kölsch e Cream Ale (veja a seção mais à frente "Cervejas híbridas" para detalhes completos sobre essas três). Os dois primeiros estilos são de origem alemã, e a última é singularmente norte-americana.

Qualquer Coisa, Menos a Pia da Cozinha: Cervejas Especiais

As cervejas especiais estão nas mais divertidas e populares categorias de cerveja do mundo. Essa classificação é divertida para os mestres-cervejeiros e popular entre os consumidores porque realmente não tem limites ou diretrizes definidos. É uma espécie de categoria "qualquer coisa vai" e "que se explodam as regras".

Então, como as cervejas especiais vêm a ser? Bem, muitos cervejeiros artesanais tratam sua profissão com a mesma paixão de um artista; eles amam o aspecto criativo do seu trabalho. Embora diretrizes de estilos de cerveja sejam fundamentais para suas criações, ocasionalmente são vistas como restritivas. Os cervejeiros artesanais geralmente fazem seu melhor quando são permitidos a se soltar na sala de brassagem. Quando largam as restrições da conformidade, provam a si mesmos que são artesãos incrivelmente talentosos, capazes de produzir nada menos que o néctar dos deuses.

Parte do impulso criativo dos cervejeiros é a busca constante por ingredientes novos e únicos para adicionar às suas cervejas. Essa busca é feita muito para abrir novos caminhos e expandir horizontes, mas também é feita em nome do marketing. Em outras palavras, quanto mais ingredientes por aí afora, melhor.

Aqui está uma lista parcial de ingredientes excêntricos que recentemente entraram nas cervejas comerciais ao redor do mundo:

- Myrica gale
- Pontas de cedro
- Coco
- Pontas de urze
- Cânhamo
- Flores de hibisco
- Pimentas (ancho, jalapeño, ghost)
- Bagas de zimbro
- Café Kopi Luwak
- Grãos de pimenta
- Rosa-mosqueta
- Algas (marinhas)

A Anatomia dos Estilos: Examinando os Traços das Cervejas

Para entender totalmente e apreciar os vários estilos de cerveja que existem no mundo, saber como diferem uns dos outros e como essas diferenças são medidas é muito útil. Nas próximas seções, exploro três modos de distinguir os estilos de cerveja, defino alguns termos usados para descrever seu sabor e apresento o conceito de cerveja artesanal.

Definindo os estilos de cerveja com três parâmetros

Todos os estilos de cerveja podem ser facilmente identificados e diferenciados por três medidas simples:

» **Cor**: Todas as cervejas têm cor, seja ela clara, escura ou algo entre isso. A cor da cerveja é determinada primariamente pelo grão usado para fazê-la. Grãos de cores claras resultam em uma cerveja pálida; grãos escuros e tostados produzem cervejas escuras.

O espectro de cores da cerveja varia do palha ao preto, e essa variação de cor pode ser medida na escala Standard Reference Method (SRM) (0 a 50). Uma American Light Lager tem uma cor entre 2 e 4 SRM; enquanto uma Imperial Stout, de 44 SRM. (Você não precisa necessariamente saber os detalhes por trás do Standard Reference Method, apenas precisa saber que os números dessa escala correlacionam-se a cor; números baixos representam cervejas mais claras e os altos, mais escuras.)

» **Amargor**: Todas as cervejas têm algum nível de amargor, seja alto ou baixo. O amargor na cerveja é antes de tudo o resultado da extração de ácidos alfa dos *lúpulos* (que abordo no Capítulo 2) durante o processo de fervura. Muitas variedades de lúpulos são produzidas em vários lugares pelo mundo, resultando na variação do teor de ácidos alfa (mais ácidos alfa = mais amargor). Os cervejeiros sabem tudo sobre essas variedades e usam os lúpulos apropriadamente.

O amargor do lúpulo é medido pela Unidade Internacional de Amargor (International Bittering Units — IBUs). Uma American Light Lager deve ter entre 5 a 8 IBUs; enquanto uma Imperial India Pale Ale (IPA), 100 ou mais IBUs.

» **Gravidade**: Todas as cervejas têm um nível de viscosidade, sejam elas densas ou aguadas. O termo *gravidade* refere-se à densidade da cerveja. A gravidade é medida no dia em que a cerveja é feita e determinada pela quantidade de açúcares solúveis — conhecidos como *maltose* — dissolvidos nela. A maltose é derivada dos grãos maltados, e a gravidade da cerveja pode ser aumentada ou diminuída simplesmente aumentando-se ou diminuindo a quantidade de grãos maltados usados para fazê-la.

A gravidade pode ser medida pela escala específica (ou original) de gravidade (1.000 a 1.150) ou pela Escala Balling (0 a 40); essas escalas são como as escalas Celsius e Fahrenheit do mundo da cerveja. Uma American Light Lager pode ter uma gravidade original de 1.024 a 1.040 (6 a 10 Balling); enquanto uma Barleywine, de 1.080 a 1.120 (21 a 28 Balling).

Como a maltose é consumida pela levedura durante a fermentação, a gravidade da cerveja diminui por volta de 20 a 25% do seu nível original quando está pronta para ser embalada.

Tenha em mente que todos esses números lhe dizem muito sobre como a cerveja aparenta e sobre seu gosto, mas a levedura ainda é quem determina se a cerveja é uma ale ou uma lager (veja a seção anterior "A levedura faz a cerveja", para detalhes).

Usando alguns termos de degustação

Examino muitos termos de degustação no Capítulo 12, mas você precisa saber pelo menos os termos seguintes para entender os estilos de cerveja que listo posteriormente neste capítulo. Saber esses termos também pode o encorajar a explorar e experimentar (e também lhe dar algo sobre o que falar com qualquer lupulomaníaco que encontrar no bar):

» **Agressiva**: Como você pode esperar, uma cerveja agressiva tem um aroma e/ou sabor ousadamente assertivo.

CAPÍTULO 4 **Conhecendo as Principais Categorias de Cerveja** 53

- » **Balanceada**: Simplesmente significa que o malte e os lúpulos estão em proporções similares e o sabor tem uma representação igualitária da doçura do malte e do amargor do lúpulo — especialmente no final.

- » **Corpo**: O corpo é a sensação de preenchimento ou viscosidade no paladar da cerveja, variando do aguado para o cremoso. A cerveja é geralmente descrita como de corpo suave, leve, médio ou encorpada (*forte* só se refere ao teor alcoólico).

- » **Complexa**: Significa que a cerveja é multidimensional, envolvendo muitos sabores e sensações no paladar (o oposto de simples).

- » **Carbonatada**: Significa que a cerveja tem grande concentração de gás carbônico ou é efervescente. As cervejas consideradas carbonatadas geralmente são mais secas também.

- » **Diacetil**: Esse termo descreve um aroma ou sabor amanteigado ou de caramelo amanteigado.

- » **Esterificada**: Cerveja cheia de aromas que remetem a frutas.

- » **Floral**: Cerveja cheia de aromas que remetem a flores.

- » **Frutada:** A cerveja tem sabores que remetem a várias frutas.

- » **Lupulada**: Significa que os lúpulos têm aromas e sabores de ervas, terrosos, picantes ou cítricos.

- » **Maltada**: Descreve sabores derivados do grão maltado. Cervejas maltadas têm riqueza e doçura de malte mais pronunciados.

- » **Textura ou sensação de boca**: Texturas são as sensações táteis, como o calor do álcool, carbonatação, secura e afins. O corpo também é parte da sensação de boca.

- » **Tostada/torrada**: Descreve os sabores do malte (grão tostado).

- » **Robusta**: Descreve uma cerveja rica e encorpada.

Elaborando ótimas cervejas

Sabor, estilo e variedade: essas palavras não são conceitos abstratos, como qualidade, mas uma combinação de aspectos diretos, mensuráveis e facilmente descritos da cor, sabor, aroma e corpo (como descrevo nas seções anteriores).

Para usar outra analogia com comida, o cervejeiro artesanal é como um grande chef de cozinha. Assim como os padeiros gourmet transformaram o pão em surpreendentes, agora familiares, variedades das bisnagas a baguetes, os cervejeiros podem aparecer com um número quase infinito de diferentes variações nos estilos clássicos e tradicionais abordados mais à frente neste capítulo. Os cervejeiros artesanais tendem a usar ingredientes mais caros (apenas grãos maltados e em maior quantidade por barril) que os grandes cervejeiros comerciais.

Os *cervejeiros artesanais* são aqueles que juntos produziram quase 10 milhões de barris nos Estados Unidos em 2010 (aproximadamente 5% de todas as vendas de cerveja dos EUA). Embora a cerveja artesanal não seja necessariamente melhor que a do mercado de massa, ela geralmente tem mais sabor e aparece em uma variação bem mais abrangente de estilos. As marcas mais conhecidas e amplamente anunciadas do mercado de massa, fabricadas pelos maiores fabricantes de cerveja do mundo, geralmente contêm produtos de qualidade que representam um intervalo bem estreito de sabor e estilo, para atrair o maior número de consumidores. São famosas pelo excelente controle de qualidade e consistência, nem sempre encontrados em cervejas gourmet.

Então, enquanto megacervejarias, como a Heineken e Anheuser-Busch, produzem uma cerveja equivalente ao pão de forma, cervejarias artesanais menores estão produzindo uma quantidade abrangente de estilos de cerveja, e você pode provar a diferença. Os mesmos ingredientes básicos, mas uma condução do processo completamente distinta — essa é a diferença.

Estilo É Tudo: Alguns dos Estilos Mais Comuns de Cerveja

Se você usasse frutas como metáfora para todos os estilos de cerveja do mundo, eles seriam como maçãs, bananas, uvas, laranjas, abacaxis e kiwis: todos com grandes diferenças de cores, texturas, sabores, aromas e preços. Nesse caso, a maioria das cervejas de marcas nacionais do Brasil seriam maçãs. Claro, você tem alguma variedade, são todas boas, mas são apenas maçãs. Agora imagine nunca provar nada além de maçãs; seu conceito sobre fruta seria bastante limitado, não seria? Muitos consumidores de cerveja têm esse mesmo conceito sobre cerveja! (E se cerveja crescesse em árvores, garanto que existiriam muito mais fazendeiros.)

Se você pedir a um garçom para sugerir uma boa cerveja, ele provavelmente perguntaria de volta: "Do que você gosta? Escura, clara? Forte, suave? Maltada, lupulada?" As informações das seções seguintes sobre os estilos mais comuns de cerveja devem ajudá-lo a entender as perguntas e recomendações de um amigo ou do garçom; as cervejas por si mesmas podem, sem dúvidas, ajudá-lo a responder às questões mais incômodas da vida.

LEMBRE-SE

Apesar de serem referidos como internacionais ou mundiais, os estilos de cerveja seguintes são originalmente europeus e norte-americanos. Não pense que sou um eurocentrista da vida — o mundo das cervejas é assim. Além do mais, estilos menos conhecidos existem em todas as partes, mas não costumam ser encontrados fora de seus locais de origem.

Ales

As ales vêm em uma grande variedade de sabores e estilos. A lista a seguir cobre alguns dos mais conhecidos.

- » **Barleywine:** Uma ale robusta com aromas frutados e caramelizados, complexos sabores de malte e tanto álcool quanto alguns vinhos, a Barleywine é um dos raros estilos de cerveja que é perceptivelmente mais forte que os outros. A Barleywine é geralmente servida em uma taça de vinho ou copo de brandy. (Afinal, ela é, em geral, chamada de versão cervejeira do conhaque; e ela envelhece bem também). Essa cerveja é habitualmente produzida em quantidades limitadas para as celebrações das festas de inverno. Pode ser encontrada nos subestilos norte-americano e inglês; a inglesa é mais inclinada a ser maltada e a norte-americana, lupulada.

- » **Dubbel Belga:** Originado nos monastérios na Idade Média e reavivada depois da Era Napoleônica, a Dubbel Belga é uma ale profundamente avermelhada, moderadamente forte, maltada e complexa. Tradicionalmente, essa cerveja é *acondicionada em garrafa* (onde sofre uma sutil fermentação secundária, o que significa que a garrafa contém levedura).

- » **Pale Ale Belga:** A Pale Ale Belga é uma ale frutada, maltada, um pouco picante, de cor cobre, comumente achada nas províncias belgas de Antuérpia e Brabante. É considerada uma *session beer*, o que significa que contém teor alcoólico moderado e é fácil de beber.

- » **Tripel Belga:** A Tripel Belga é uma efervescente bebida amarelo-ouro com colarinho de espuma branca. Ela tem um caráter maltado, frutado e de especiarias, com notas cítricas. Esse estilo foi originalmente popularizado pela cervejaria Trapista de Westmalle, na Bélgica.

- » **Bitters**: Esse estilo não é tão amargo assim [bitter significa amargo] — ele foi traído pelo nome dado há séculos atrás, quando os lúpulos começaram a ser usados pelas cervejarias Inglesas. Cerveja muito comum e popular nos pubs britânicos, as Bitters vêm em uma variedade de subestilos, incluindo a Ordinary Bitter, Special/Best Bitter e Extra Special/Strong Bitter (ESB).

» **Blonde Ale**: De cor amarela brilhante suave a dourada, com uma espuma branca, a Blonde Ale é parecida com a Pale Ale em termos de sabor, mas seu caráter lupulado é menos assertivo. A Blonde Ale é uma cerveja básica relativamente nova em muitas cervejarias e pubs cervejeiros norte-americanos, e é produzida como uma boa cerveja de entrada.

» **Brown Ales**: Têm versões inglesa e norte-americana. São boas cervejas para consumidores iniciantes e tímidos, que buscam provar algo além do comum (não é má para veteranos também). Não tão maltada, nem tão leve, com suaves sabores frutado e caramelizado, as Brown Ales são suaves, mas saborosas. As versões norte-americanas tendem a ser mais agressivamente lupuladas.

» **Dry (Irish) Stout**: É uma cerveja muito escura, torrada e com uma textura cremosa. Ela tem mais sabor torrado e de café que a Porter.

» **Flanders Red**: Uma ale complexa, ácida, parecida com vinho; vinda de Flandres, na Bélgica, a Flanders Red é tradicionalmente envelhecida em tonéis de carvalho por mais de dois anos. As versões mais refinadas são misturadas com cerveja nova.

» **Foreign Style Stout**: A Foreign Style Stout é uma ale muito escura, torrada e moderadamente robusta. As Foreign Style Stout são uma classe bastante ampla de Stouts e podem ser frutadas e doces ou secas e amargas. Elas têm maior gravidade e teor alcoólico que as Dry ou Sweet Stouts, mas menor que a Russian Imperial Stout.

» **India Black Ale:** Um dos mais novos estilos de cerveja apresentados ao mundo, a India Black Ale é uma versão escura da India Pale Ale. O traço de malte caramelo e o sabor de malte escuro torrado se juntam para sustentar a presença agressiva de lúpulo. A India Black Ale é também conhecida coloquialmente como *Cascadian Dark Ale*.

- » **India Pale Ale (IPA)**: É uma ale lupulada, moderadamente robusta, de cor dourada a cobre. As versões inglesas acentuam os maltes, lúpulos e leveduras inglesas; a cerveja resultante é maltada e frutada, com correspondente amargor terroso de lúpulo. As versões norte-americanas realçam os maltes, lúpulos e leveduras norte-americanos; e a cerveja resultante é mais seca, limpa (menos frutada) e um pouco mais cítrica devido às variedades de lúpulo norte-americanas.

- » **Irish Red Ale**: A Irish Red Ale é uma cerveja fácil de beber, focada no malte, com generosas notas de malte caramelo. Sabores amanteigados ou de caramelo também podem ser experimentados. O uso de pequenas quantidades de malte tostado fornece a coloração avermelhada da cerveja.

- » **Lambic**: Uma ale complexa, ácida, à base de trigo, vinda dos arredores de Bruxelas, Bélgica, a cerveja Lambic é espontaneamente fermentada pelas leveduras selvagens ao redor do Vale do Rio Sena. As cervejas Lambic também são misturadas para criar a Gueuze e têm várias frutas adicionadas a elas para maiores complexidade e sabor.

- » **Mild Ale**: Uma cerveja decididamente britânica, a Mild Ale (ou Mild) já foi um dos estilos de cerveja mais amplamente produzidos no Reino Unido. A maioria das Milds são session beers de baixa gravidade projetadas para consumo prolongado. Em geral maltadas, as Milds com frequência exibem aromas e sabores de caramelo, nozes e tostados. É um subestilo da Brown Ale.

- » **Pale Ales**: São cervejas bem frutadas com sabores suaves de malte e uma agradável secura, muitas vezes amargor, no sabor final. Apesar do nome, são geralmente de cor dourada a âmbar. As versões inglesas são mais balanceadas e têm um maior caráter terroso de lúpulo. Veja também a India Pale Ale.

- » **Porter**: Uma ale escura, mas não imponente, a Porter tem leve doçura de malte e agradáveis sabores de grãos escuros, e funciona como uma ótima cerveja para bebericar. As Porters podem variar de um corpo médio e suave para encorpado e robusto. Procure a British Brown Porter e a American Robust Porter.

» **Porter (Baltic)**: É uma bebida muito escura dos países que fazem fronteira com o Mar Báltico e é influenciada pelas Russian Imperial Stouts. Sabores de maltes escuros e torrados evocam os sabores de chocolate amargo, caramelo, melaço e tons de alcaçuz. As versões polonesas tendem a ser mais doces e maltadas. A Baltic Porter é tipicamente fermentada a baixas temperaturas, mas pode ser fermentada tanto com levedura ale quanto com levedura lager.

» **Roggenbier**: É uma cerveja especial fabricada na Baviera como uma variante mais distinta da Dunkelweizen, que usa centeio no lugar do trigo. Essas cervejas têm um sabor moderadamente condimentado e de centeio, que faz lembrar o próprio centeio ou pão rústico.

» **Saison**: É uma ale refrescante e frutada, bem efervescente, com uma acidez seca e refrescante. As Saisons eram tradicionalmente fabricadas na Valônia (a parte da Bélgica que fala francês) ao fim da primavera para ser consumida durante os meses de verão.

» **Scotch Ale**: São de malte acentuado com uma variedade de sabores caramelizados, de nozes e tostados. Essas bebidas peso-pesado são ótimas para tomar casualmente após o jantar ou tarde da noite. A Scotch Ale é uma contrapartida escocesa mais maltada da Old Ale inglesa.

» **Scottish Ale:** Esse estilo de cerveja é relativamente desconhecido e, portanto, subvalorizado pela maior parte do mundo. As Scottish Ales são mais comumente encontradas em chope que em garrafas ou latas. Elas possuem um caráter suave e agradável de malte, que se parece com caramelo, e varia na cor do âmbar dourado a um marrom profundo.

» **Sweet (London) Stout:** É uma ale torrada bem escura, doce e encorpada. É historicamente conhecida como Milk Stout ou Cream Stout, devido ao uso de açúcar de leite não fermentável (lactose).

- » **Weizenbier/Weissbier:** Essa tradicional e refrescante cerveja de trigo da Baviera é de cor dourada e altamente carbonatada. Os aromas únicos incluem cravo-da-índia, ésteres frutados — especialmente banana — e chiclete. A Hefeweizen (*hefe* = levedura) é simplesmente uma Weizenbier que ainda tem levedura na garrafa.

- » **Witbier:** Essa ale de trigo suave, refrescante e cítrica, foi criada na cidade de Hoegaarden há mais de 400 anos. *Wit* — branco em flamengo — refere-se à cor muito clara da cerveja. Seu caráter cítrico e perfumado é resultado do uso de coentro e da casca amarga da laranja curaçao. Outro tempero supostamente usado é chamado de Grãos do Paraíso, ou pimenta-guiné. Eles soam adoravelmente bem, mas têm um sabor ainda melhor!

- » **Cervejas de trigo:** São as bebidas refrescantes definitivas do verão. Seus aromas frutados e perfumados, sua acidez cítrica e carbonatação efervescente fazem essa ale especialmente fácil de apreciar quando o clima está quente. Cervejas de trigo genéricas raramente têm tanto trigo quanto as tradicionais Weizenbiers alemãs, e não exibem a completa variedade de aromas derivados da levedura (cravo-da-índia, banana, chiclete e por aí vai).

Lagers

O nome *lager* é tirado da palavra alemã *lagern*, que significa armazenar. A maioria das cervejas de produção em massa do mundo é lager, mas existe uma ampla variedade de estilos além do que as marcas comerciais levam a acreditar.

- » **American Pale Lagers**: Embora essas cervejas se diferenciem muito de marca para marca na mente do consumidor desinformado (graças às campanhas de propaganda), elas são, em grande parte, idênticas em gosto e força (cerca de 4 a 5% de álcool por volume). Todas as marcas, *light*, *standard* e *premium*, foram originalmente baseadas no estilo Pilsner clássico. Elas são de coloração clara, gasosas e aguadas, com uma doçura delicada e um aroma e sabor de *adjuntos* (milho ou arroz são os grãos adjuntos misturados com a cevada); as versões mais leves quase não têm sabor ou aroma. Tomadas principalmente para matar a sede, são projetadas para serem servidas bem geladas.

» **American Dark Lagers**: Como suas cópias mais leves, essas lagers são versões tímidas dos exemplares europeus. Faltam a elas o sabor maltado pleno e rico do estilo German Dark Lager, e ladram mais que mordem — por isso podem facilmente ser a melhor amiga do homem. No entanto, não são amplamente acessíveis.

» **Bock Beer**: As Cervejas Bocks tradicionais são geralmente escuras, consideravelmente fortes e muito intensamente maltadas. Esse estilo foi criado na cidade cervejeira de Einbeck, no Norte da Alemanha, e foi mais tarde introduzida na Baviera, onde se tornou ainda mais popular.

» **Doppelbock:** Uma cerveja maltada, escura, perigosamente deliciosa, encorpada e de alto teor alcoólico, a Doppelbock foi fabricada pela primeira vez nos Alpes Italianos pelos monges do monastério de São Francisco para o sustento durante a Quaresma. Muitas vezes chamada de *pão líquido*, as Doppelbocks são facilmente identificadas nos menus de cervejas por causa do sufixo *-ator* (Celebrator, Salvator, Maximator, Triumphator, entre outros).

» **Eisbock**: Uma anomalia no mundo da cerveja, a Eisbock (ice bock) não surge com sua robustez e alto teor alcoólico naturalmente. Ao sujeitar a cerveja já fermentada a temperaturas congelantes, os cervejeiros podem então peneirar os cristais de água que se formam nela. A cerveja resultante é então uma versão muito mais concentrada de si mesma (de 7 a 33% de concentração).

» **Helles Bock**: Essa cerveja é uma versão clara da tradicional Cerveja Bock (*Helles* significa pálido).

» **Maibock**: A Maibock acena para o mês em que é fabricada (*Mai* é maio). Essas versões mais claras e lupuladas da Cerveja Bock foram desenvolvidas bem recentemente em comparação aos outros membros das família Bock Beer.

» **Cervejas Märzenbier/Oktoberfest**: A Märzenbier foi uma resposta da Baviera à Vienna Lager, da Áustria. Ela é mais maltada, de cor âmbar e bastante fácil de beber. Ela era tradicionalmente fabricada no mês de março (Marz) ao fim da temporada de fabricação, armazenada em cavernas durante o verão e servida no outono em meio às celebrações de colheita. A Märzenbier acabou se tornando a cerveja oficial da Oktoberfest.

» **Munich Dunkel**: Essa clássica lager marrom de Munique foi desenvolvida como uma contrapartida mais escura e maltada da Munich Helles. Veio a tornar-se bastante popular pela Baviera, especialmente na Francônia.

» **Pilsner** (também conhecida como Pils, Pilsener e, na República Tcheca, Plzensky): A Pilsner é a autêntica cerveja da República Tcheca que muitas marcas norte-americanas de cerveja aspiram ser, uma lager aromática, sutilmente maltada, efervescente e refrescantemente amarga (lupulada). É um verdadeiro clássico, fabricada desde 1842 pelas pessoas que a criaram (a Pilsner Urquell foi a primeira cerveja dourada e clara) e o estilo mais imitado ao redor do mundo.

» **Vienna Lager**: É a prima maltada, de cor âmbar e corpo médio da Märzenbier. A Vienna Lager é atualmente mais abundante e visível no México do que na sua terra natal, a Áustria, devido a desmandos do governo do Imperador Maximilian, lá nos anos 1800.

Cervejas híbridas

Alguns estilos de cerveja não se encaixam perfeitamente nas categorias das ales e das lagers, pois os cervejeiros misturam ingredientes e processos das duas categorias em uma única cerveja (como expliquei anteriormente neste capítulo). Como exemplo, um cervejeiro pode usar uma levedura ale, mas à temperatura de fermentação de uma lager.

Onde as cervejas híbridas, como as seguintes, encaixam-se na árvore da família da cerveja? Pense em um exótico, misterioso e bem viajado tio: um pouco irreverente, de que nem todo mundo gosta, mas definitivamente atrativo para alguns de nós.

- **Altbier**: Uma Ale Alemã (certamente um pássaro raro). *Alt* significa velho, referindo-se ao fato de que a cerveja é fermentada do jeito antigo — com leveduras ale de alta fermentação. As Altbiers modernas são fermentadas em altas temperaturas, como as ales, mas maturadas no frio, como as lagers. A Altbier típica é maltada com paladar assertivo e uma boa quantidade de amargor de lúpulo, apesar de que a combinação de lúpulos (porque é complexa) tende a diferir de cervejaria para cervejaria.

- **California Common Beer** (a princípio conhecida como Steam Beer): Como sua predecessora Steam, essa cerveja exibe um corpo médio, paladar tostado e maltado e uma presença consideravelmente agressiva de lúpulo no aroma, sabor e amargor. A California Common Beer é fermentada em altas temperaturas com levedura lager.

- **Cream Ale**: A Cream Ale é uma invenção totalmente norte-americana, de corpo leve. Enquanto cervejeiros norte-americanos produziam ales de corpo leve, resolveram tentar fazê-las com fermentações mais frias e longas, assim como era feito com cerveja lager (essas ales não foram poupadas da adição de grãos adjuntos, também). A cerveja resultante é similar às lagers norte-americanas, e é geralmente conhecida por seu aroma e sabor óbvios de milho, junto com um suave, perfumado e doce paladar de grãos. A Cream Ale é clara e altamente carbonatada.

- **Kölsch** (pronunciada *kelsh*): É notadamente clara e turva, em parte devido à adição de trigo, mas muito como resultado de não ter sido filtrada. A Kölsch é limpa no paladar, com uma leve acidez láctica, de corpo relativamente suave e não muito forte. Seu amargor moderado de lúpulo tem um efeito seco. No todo, a Kölsch é um tipo de cerveja de verão, refrescante.

Cervejas especiais

A categoria *cervejas especiais* é mais ou menos o cesto de bugigangas para os estilos de cerveja que não se encaixam em outro lugar. Quando se fala do lugar das cervejas especiais na árvore da família da cerveja, o primo artista selvagem é o modelo: arrojado, estrondoso, experimental, muitas vezes pateta, em geral memorável e encantador, apesar de desprezar as convenções.

Como expliquei anteriormente neste capítulo, as cervejas especiais são tipicamente cervejas regulares fabricadas em um estilo clássico (como Porter, Stout ou Pale Ale), mas com algum novo sabor adicionado. Outras cervejas nessa categoria são feitas com comidas fermentadas inusitadas. A adição de frutas, ervas e temperos, diversos condimentos (como alcaçuz, defumado e pimenta) e fermentáveis excêntricos (como mel, xarope de bordo e melaço) transforma uma cerveja normal em uma especial. Em muitos aspectos, as cervejas especiais são as mais divertidas de se experimentar.

Os consumidores iniciantes de cerveja, ou talvez aqueles que afirmam não serem fãs de cerveja, mostram-se especialmente surpresos e satisfeitos quando experimentam essas exóticas cervejas, especialmente aquelas com sabor de frutas.

Os mestres-cervejeiros têm bastante prazer e liberdades artísticas quando estão criando cervejas especiais. Tudo, menos a pia da cozinha, pode ser adicionado à cerveja, e tenho certeza de que não vai demorar até alguém experimentar a pia também. Afinal, as pessoas tentaram cerveja de alho (ideia muito, muito ruim) e até cerveja de pimenta-malagueta (o que é parecido com beber azia líquida). *Por sua conta e risco!* Algumas das misturas mais sutis são, com frequência, as mais excepcionais — uma Blackberry Porter vem à mente.

> » **Fruit Beers:** São em geral lagers ou ales de leve a médio corpo, a que foi dado um sabor frutado por meio de uma fruta verdadeira ou extrato de fruta. Elas tendem a ter um fundo mais doce que as outras cervejas. Os sabores mais populares de fruta são cereja,

framboesa e mirtilo, mas encontrar uma cerveja com sabor de damasco, pêssego ou amora silvestre não é incomum.

» **Herb e Spice Beers:** Essas ervas e temperos podem incluir tudo, de canela a estragão; qualquer estilo de cerveja pode ser feito com quaisquer ervas e temperos. Bebidas de verão e de inverno são típicas.

» **Smoked Beer:** É qualquer estilo de cerveja a qual foi dado um caráter defumado, apesar de que um estilo em particular fica muito bem com aromas e sabores defumados: a Porter. O perfil de sabor da cerveja em questão deve sempre mostrar-se através do defumado.

» **Wassail:** Não é um estilo específico de cerveja por si, mas um estilo bastante tradicional de cerveja temperada que é fabricada para o Natal e para temporada de férias. A Wassail com frequência é conhecida por outros nomes, como *cerveja de férias, yule ale, winter warmer* e, se contiver frutas, *mulled ale*. (A Wassail pode ser agrupada com as cervejas de frutas ou de temperos — é difícil encaixá-la perfeitamente em uma categoria —, mas, como uma classe antiga, merece uma categorização à parte.)

> **NESTE CAPÍTULO**
>
> » Definindo a real ale
> » Colocando a real ale em barris
> » Clarificando a real ale e a deixando respirar
> » Servindo a cerveja corretamente

Capítulo **5**

Investigando a "Real" Ale

Uma das opções que os consumidores de cerveja podem encontrar nas suas excursões cervejeiras é pedir um pint de *real* ale. Não que a falsa ale tenha de fato existido, mas algumas ales são mais reais que outras. Curioso? Confuso? Leia este capítulo para um prato cheio de real ale, como é feita e servida.

Entendendo o que Faz a Ale "Real"

Real *ale* refere-se à cerveja que é servida à moda antiga. A real ale é fabricada com ingredientes tradicionais (aqueles que descrevo no Capítulo 2), e é permitida maturar e envelhecer naturalmente. A maturação e o envelhecimento naturais indicam que a cerveja não é filtrada ou pasteurizada, o que significa que ainda contém leveduras vivas dentro dela, e continua o acondicionamento e desenvolvimento do sabor e personalidade mesmo depois de deixar a cervejaria. (Quando uma cerveja é *condicionada*, ela ainda fermenta um pouco, criando assim uma carbonatação suave e natural dentro do seu recipiente). Então, a real ale é considerada uma ale viva.

A real ale sempre é servida sem nenhum dióxido de carbono, nitrogênio ou qualquer outro gás estranho empurrando-a do recipiente — processo comumente conhecido como *pressão principal*. A real ale é tradicionalmente extraída manualmente com uma bomba manual ou ação da gravidade (veja a seção mais à frente "Tirando a Real Ale" para saber mais sobre esses métodos).

Apesar dos rumores persistentes sobre o contrário, a real ale não é quente e sem gás. Bem, certo, quando comparada com lagers brasileiras de mercado de massa quase congeladas, a real ale é mais quente e menos carbonatada. Mas quando julgada pelos próprios méritos, a real ale é muito fresca e delicada. Os aromas e sabores são mais intensos no seu olfato e paladar, mas sua língua não é atacada pela carbonatação agressiva, apenas sente cócegas com bolhinhas suaves e gentis.

DICA

Na Inglaterra, Escócia e Irlanda, um projeto de credibilidade voluntário permite aos publicans, ou donos de pubs, exibir um símbolo especial em seus estabelecimentos que indicam que a real ale servida ali é de boa qualidade. Procure pela Cask Marque, que é "uma prova de um grande pint", se você quer ter certeza de beber um bom e fresco pint de real ale.

Iniciando a Jornada da Real Ale em Barris

A real ale, que é acondicionada e servida como descrito na seção anterior, também é conhecida como *ale de barril* (cask ale) ou *cerveja de barril* (cask beer). Esses termos são usados para diferenciá-la da cerveja à pressão (keg beer). Tanto a cerveja de barril quanto a cerveja à pressão são fabricadas do mesmo modo — mesmos ingredientes, mesmos processos. A única diferença é como a cerveja é tratada depois que a fermentação primária está completa.

A filtragem e a pasteurização são um modo efetivo de aumentar a estabilidade e validade da cerveja, mas também matam um pouco do seu sabor e característica. A filtragem não só remove as leveduras, mas também dextrinas que constituem o corpo, o que pode fazer a cerveja parecer de corpo mais suave e leve, assim como proteínas que poderiam, caso contrário, ajudar na retenção do colarinho. (Pule para o Capítulo 9 para mais informação sobre barris pressurizados.)

Um barril de diversão: Conhecendo as partes de um barril

Os barris de cerveja se assemelham a barris típicos, que têm uma circunferência maior no meio do que no final. São projetados para ficar deitados de lado, ou horizontalmente, quando completados com cerveja que está pronta para ser servida. (Os kegs — barris à pressão — à moda antiga costumavam ter esse formato de barril, mas atualmente a maioria tem os lados retos e é projetada para ficar na vertical enquanto a cerveja é retirada.)

Os casks (barris) também têm partes que diferem das do keg — e elas são a chave para servir a real ale. Os casks têm *válvulas de admissão* e *de encaixe*, e devem descansar em um *suporte*. Descrevo cada uma dessas partes na lista a seguir:

» **Válvula de admissão:** A *válvula de admissão*, que é usada como uma rolha para fechar o buraco no barril, é encontrada na parte lateral do barril, em sua maior circunferência. A tampa é onde o *taberneiro* (*landlord*, termo britânico para dono de pub) ou o *despenseiro* (*cellarman*, a pessoa encarregada de assegurar que a real ale está sendo bem cuidada na adega) colocam o flexível *respiro* (*spile*), o que permite a ale respirar e evoluir (veja mais à frente a seção "Na posição do respiro: Deixando a real ale respirar", para detalhes).

> » **Válvula de encaixe:** A *válvula de encaixe*, que veda o buraco na parte de cima do barril (uma das extremidades planas do barril), é onde o taberneiro ou despenseiro inserem a torneira, ou a mangueira, se a cerveja do barril for servida por bomba manual (veja a seção mais à frente "Extraindo a real ale por uma bomba manual" para mais informação).
>
> » **Suporte:** O suporte é uma espécie de armação que segura o barril horizontalmente no lugar enquanto a cerveja está maturando e sendo servida. Um suporte pode segurar um único barril, ou muitos barris, dependendo do seu tamanho.

Ampliando a situação: Pins, Firkins, Kilderkins e mais

De uma perspectiva histórica, todos os recipientes projetados para conter grandes quantidades de cerveja, vinho ou bebidas destiladas eram originalmente feitos de madeira. Hoje em dia esses recipientes também podem ser feitos de aço inoxidável, alumínio e até mesmo material plástico. Você pode encontrar barris (e kegs, nesse caso) em todos esses tipos de materiais, mas o de aço inoxidável é o mais comum atualmente.

Apesar da transição da madeira para materiais mais modernos, os barris (casks) ainda apresentam-se com uma nomenclatura que é tanto estranha quanto interessante — e pode até fazer você rir baixinho. Mas entender esses diferentes tipos de barris tem realmente tudo a ver com tamanho e volume líquido.

Devido à natureza da real ale — pouca estabilidade, prazo de validade limitado, entre outros —, a maioria dos cervejeiros prefere envasar suas cervejas em recipientes menores para garantir o frescor do produto. Quanto menor o recipiente, mais rápido seu conteúdo é esvaziado.

Filtrando e Acondicionando a Real Ale

Para a maioria das cervejarias ao redor do mundo, depois que a cerveja é embalada e deixa seu local de produção, tudo o que realmente importa é se a cerveja será mantida tão gelada quanto possível, e consumida o mais cedo e fresca possível. Não com a real ale. Nas próximas seções, falo sobre a adição de clarificantes à real ale durante o envase e de deixá-la respirar quando chega a seu destino.

Deixando claro: Agentes clarificantes

A cerveja que não é filtrada e pasteurizada (como a real ale) ainda contém milhões de células de leveduras vivas em suspensão líquida. Com a ajuda da gravidade, e devido ao tempo, a cerveja clarifica por si mesma. Mas, para limpar a cerveja de toda essa levedura de maneira rápida, os cervejeiros usam o que chamam de *clarificantes*. O cervejeiro adiciona clarificantes à real ale quando ele a retira ou a transfere em seu estado natural, não filtrado ou pasteurizado, para um barril. Esses clarificantes, basicamente, coagulam as células de levedura e outras matérias orgânicas, e arrastam-nas para o fundo do barril, onde elas se estabelecem e formam um sedimento de massa gelatinosa. Quando isso acontece, dizem que a cerveja *ficou brilhante*.

O que os clarificantes fazem é bastante simples; o que eles são é um pouco mais interessante. Aqui estão dois dos clarificantes mais comuns:

» **Carragena:** Também conhecida como musgo-irlandês, a *carragena* é uma espécie de alga vermelha encontrada em abundância ao longo das costas rochosas do Atlântico da Europa e América do Norte. Além de abundante, a carragena é um clarificante valorizado pela sua capacidade de suportar de 20 a 100 vezes o próprio peso na água quando hidratada, formando uma compacta substância parecida com gelatina.

> **Isinglass (Gelatina de Peixe):** O *isinglass* é uma forma de colágeno derivada das bexigas natatórias de certo peixe. Depois que as bexigas são removidas do peixe, são processadas e secas. Esse clarificante era originalmente feito exclusivamente do esturjão, mas agora pode ser feito com um substituto mais barato, o bacalhau. O Isinglass pode ocasionalmente ser usado com outros agentes clarificantes para maior aceleração do processo de sedimentação.

Outros clarificantes de cerveja menos usados incluem os seguintes:

- **Albumina**
- **Bentonita**
- **Gelatina**
- **Pectinase:**
- **PVPP (polivinilpolipirrolidona)**

Quando um cervejeiro adiciona clarificantes em um barril de real ale, pode adicionar também mais lúpulos e priming de açúcar (fermentável). A dose extra de lúpulos proporciona à cerveja um aroma mais lupulado — e não amargor — e o priming de açúcar dá à levedura algo que comer a fim de criar dióxido de carbono no interior do barril, que é selado e enviado ao pub.

Na posição do respiro: Deixando a real ale respirar

Quando o barril chega a seu destino, o taberneiro ou despenseiro tem a responsabilidade de verificar se o barril está propriamente cuidado antes de servir a bebida ao público. Fazer isso requer mais do que simplesmente colocar a cerveja na chopeira. Basta dizer que o papel do despenseiro na qualidade da real ale é tão crucial quanto o do cervejeiro.

Quando o despenseiro determina que a cerveja ficou clarificada e está pronta para ser servida, ele encaixa um respiro maleável na tampa, que está localizada na lateral do barril. (Falo sobre as tampas na seção anterior "Um barril de diversão: Conhecendo as partes de um barril".) O *respiro maleável* (spile) é feito de material poroso, que permite ao ar passar através dele, assim permitindo ao barril respirar.

Em razão do CO_2 poder exalar para fora através do respiro, o despenseiro pode medir a atividade do acondicionamento pelas bolhas que se formam ao redor dele. Depois de enxugá-lo, o despenseiro pode observar o quão rápido as bolhas voltam a se formar. Se retornarem devagar, significa que a levedura está se estabelecendo no fundo, e que a carbonatação da ale está próxima de se completar. Se as bolhas retornarem rapidamente, significa que a levedura ainda está ativa, e que a ale não está completamente carbonatada ainda.

Quando a cerveja tiver atingido a clarificação e o nível de carbonatação desejados, o despenseiro substitui o respiro maleável por uma cavilha rígida, que não permite gases entrarem ou saírem do barril. A cerveja então está pronta para descansar por aproximadamente 24 horas antes de ser servida.

CUIDADO

O barril deve estar aberto e respirando (com um respiro maleável no lugar) enquanto a cerveja é extraída; caso contrário, cria-se um vácuo na mangueira (e no barril). É por isso que os barris têm um prazo de validade tão curto (aproximadamente três dias). Você não só vai atrair ar para dentro do barril a cada vez que abrir a torneira — o que acelera o processo de oxidação —, mas também ficará com um recipiente que não estará sob pressão, e a cerveja perderá toda sua carbonatação.

LOUCOS POR CERVEJA

A real ale deve ser consumida dentro de três dias a partir da extração da primeira cerveja do barril, porque depois disso ela começa imediatamente a se deteriorar. Com isso em mente, alguns taberneiros insistem em usar um *respirador de barril*, que permite que uma pequena quantidade de dióxido de

CAPÍTULO 5 **Investigando a "Real" Ale** 73

carbono substitua o oxigênio no barril. Os respiradores não liberam dióxido de carbono suficiente para carbonatar ou extrair a cerveja pelas mangueiras, mas apenas o suficiente para cobrir a cerveja a fim de mantê-la mais fresca e saborosa por mais tempo.

Tirando a Real Ale

Quando chega a hora de servir a real ale, o barril tem que ser equipado com um dispositivo de serviço. Dependendo do lugar onde o barril é mantido no pub, ele pode ser equipado com uma torneira simples ou uma mangueira para extrair a bebida através de uma chopeira. Discuto as duas opções nas seções seguintes.

Extraindo a real ale por uma chopeira

A chopeira é um dispositivo usado para extrair a cerveja do barril. Como requer um garçom para literalmente puxar a cerveja da mangueira, as chopeiras também são conhecidas como *bombas manuais*. Nas seções seguintes, explico como uma chopeira funciona e descrevo como servir uma real ale através dela.

O funcionamento de uma chopeira

O mecanismo de uma chopeira é muito simples. A câmara hermética do pistão está no coração de tudo. Quando o garçom puxa a alavanca da chopeira, a cerveja é drenada do barril para o pistão (ele pode precisar puxar várias vezes, dependendo do comprimento da linha de cerveja). Uma válvula unidirecional sustenta a cerveja no interior do pistão. Quando o garçom puxa a alavanca da chopeira novamente, a cerveja no pistão flui para fora através de outra válvula unidirecional, para a torneira da chopeira, enquanto mais cerveja é drenada para preencher o espaço vazio na câmara do pistão.

A chopeira típica pode drenar aproximadamente metade de um pint (quartilho) de cerveja a cada puxada de alavanca, então um bom, forte e eficiente garçom deve ser capaz de encher seu pint com duas puxadas completas. Um brinde!

A tiragem "correta" em uma chopeira

Alguns cidadãos podem ser superexigentes sobre como seus pints (copos de cerveja) de real ale são extraídos e servidos, por isso os garçons devem ficar com um pé atrás. Saber como tirar um pint pode ser mais uma ciência que uma arte, mas, ainda assim, pode ser feito com esplendor; apenas siga estes passos:

1. **Certifique-se de que o copo está limpo para a cerveja — o grau máximo de limpeza de um copo. (Veja o Capítulo 11 para detalhes.)**
2. **Puxe a torneira de maneira suave e uniforme.**
3. **Espere alguns segundos para permitir que o colarinho cresça e comece a diminuir um pouco antes de puxar pela segunda vez.**
4. **Certifique-se de que o cliente obtenha uma medida completa de cerveja — isto é, encha o copo até o topo com o mínimo de colarinho.**

Um pint bem tirado tem um colarinho que cresce até um pouco além da borda do copo, conhecido como *chope perfeito*.

Existem algumas controvérsias sobre se o pint deve ser levantado na chopeira, de modo que a torneira fique imersa na cerveja enquanto ela é servida. Algumas pessoas dizem que esse método mantém a formação de espuma em um mínimo enquanto a cerveja está sendo tirada, e outros dizem que a torneira pode se tornar um viveiro de bactérias se não for enxaguada depois de cada tiragem. O debate é violento.

CUIDADO

A apresentação, por todo prazer visual que proporciona, é inútil se a cerveja não está em condições palatáveis. A mangueira e a câmara do pistão na chopeira continuam a conter cerveja entre as tiragens. Essa cerveja estraga quando deixada de um dia para o outro, então, é de extrema importância que o garçom dispense o primeiro pint ou duas tiragens pelo ralo, e não sirva cerveja velha para um cliente desavisado.

Usando uma torneira para liberar a gravidade

Ter um pub clássico montado para sua real ale não é praticável em alguns momentos, locais e eventos, como quando você não tem uma adega embaixo ou um bom balcão de bar para instalar sua chopeira. Ou talvez você tenha apenas um único barril de uma cerveja convidada especial e exclusiva para servir. Para essas situações, servir por gravidade funciona melhor.

Servir por gravidade, ou *tirar cerveja por gravidade*, tem tudo a ver com deixar a mãe natureza fazer o trabalho por você. Ao simplesmente encaixar uma torneira e um respiro maleável no barril, você pode extrair a cerveja mais rápido e fácil. Não precisa empurrar ou puxar os gases — os inertes, em todo caso.

NESTE CAPÍTULO

» Distinguindo a cerveja envelhecida em barril e a cerveja envelhecida em madeira

» Determinando qual é a melhor madeira para envelhecer a cerveja

» Descobrindo alguns marcos no processo de envelhecimento

Capítulo 6
Envelhecendo a Cerveja em Barril e em Madeira

Talvez você tenha ouvido, cantado ou até dançado a antiga canção de beber cerveja "Roll Out the Barrel". Ela remete a um tempo em que a cerveja costumava ser armazenada em barris de madeira. Bem, a música ainda é popular como nunca — e isso é uma boa coisa, também porque os barris de madeira, mais uma vez, estão sendo usados para armazenar cerveja. Se isso não fizer você dançar polca, nada mais vai fazer.

Neste capítulo, você descobre a diferença entre a cerveja envelhecida em barril e a envelhecida em madeira, tem uma visão sobre os melhores tipos de barris para usar no envelhecimento da cerveja e explora alguns marcos do processo de envelhecimento.

Diferenciando a Cerveja Envelhecida em Barril e em Madeira

À primeira vista, os termos *envelhecimento em barril* e *envelhecimento em madeira* podem parecer um pouco redundantes. Afinal, os barris de que estou falando são feitos de madeira; então o que acontece?

DICA

Você pode argumentar que a cerveja pode ser envelhecida *dentro da* madeira, ou pode ser envelhecida *junto à* madeira. A simples diferença é esta:

» A cerveja envelhecida *dentro da* madeira está dentro do barril de madeira. Em outras palavras, é envelhecida em barril (é claro).

» A cerveja envelhecida *junto à* madeira é aquela que teve madeira adicionada ao recipiente em que ela está envelhecendo — que não necessariamente é feito de madeira. Em outras palavras, é envelhecida com madeira.

Descobrindo Qual Madeira É Melhor

O grande objetivo de colocar a cerveja em contato com a madeira é a cerveja pegar um pouco do aroma e sabor característicos dela. Adicionalmente, se a cerveja está envelhecendo em um barril que armazenou anteriormente outra bebida fermentada, como vinho ou uísque, a cerveja também vai pegar características daquela bebida.

Então, qual tipo de madeira é melhor usar? Descrevo algumas considerações para os cervejeiros nas seções seguintes.

Escolhendo entre barris novos e usados

Comprar novo ou usado? As pessoas têm se perguntado milhões de vezes quando se trata de itens de grande valor, como casas e carros, mas você pode achar isso discutível quando se trata de barris de cerveja. Por que um cervejeiro não iria querer um barril novinho para as suas cervejas?

> » Os cervejeiros não querem barris novos por conta do custo. Quer os cervejeiros tenham a própria tanoaria, quer comprem seus barris de outras pessoas, barris totalmente novos representam uma despesa considerável para a cervejaria.
>
> » Novos barris (especialmente de carvalho) podem transmitir um sabor de madeira bastante bruto, que é forte e adstringente. O *tanino*, componente amargo que é extraído da uva para dar ao vinho tinto maior firmeza, também é extraído da madeira. Os taninos podem tornar a cerveja mais amarga e desagradável. A fim de evitar altos níveis de taninos em sua cerveja de barril, os cervejeiros revestem o interior de seus barris com *piche de pinheiro*, para minimizar o contato com a madeira (piche é um líquido viscoso e pegajoso derivado da resina coletada das árvores coníferas).

O objetivo da utilização de barris já usados anteriormente para envelhecer a cerveja é impregná-la com os sabores realçados da bebida que esteve por último naquele barril, seja qual for. Aquele sabor único é algo que você não pode obter de um barril completamente novo. (Veja a seção mais à frente "Criando novos sabores de cerveja com sabores de barris antigos" para mais informações.)

As vantagens de usar barris novos são que, quando recentemente construídos, são tão firmes e à prova d'água quanto poderiam ser, e um barril bem-feito pode durar muitos anos. Barris antigos podem secar, vazar e desmontar em momentos inoportunos.

Optando pelo carvalho

Você pode escolher entre uma grande variedade de diferentes espécies de madeira para fazer barris, cada uma com as próprias características de madeira. A madeira de carvalho é a espécie preferida para fabricar barril pelas seguintes razões:

- » O carvalho é uma madeira durável.
- » O carvalho não é uma madeira porosa.
- » O carvalho incute à cerveja (e ao vinho e uísque) agradáveis e desejáveis sabores.
- » O carvalho é abundante na Europa e na América do Norte (onde a maioria dos vinhos, uísques e cervejas é feita).

Criando novos sabores de cerveja com sabores de barris antigos

Os cervejeiros de hoje em dia descobriram que muito se pode ganhar ao envelhecer suas cervejas em barris que já armazenaram outras bebidas fermentadas. Eles também descobriram que o envelhecimento em barril não é uma ciência exata; na verdade, está muito mais perto de uma forma de arte. E muitos cervejeiros aprendem conforme avançam.

O envelhecimento de cerveja em barril não é simplesmente o caso de fazer a cerveja, fermentá-la, deixá-la descansar em um barril por algumas semanas ou meses e depois a embalar. Um punhado de variáveis entra no jogo na maturação da cerveja em barril (como você descobre na seção mais à frente "Marcando Alguns Pontos no Processo de Maturação"). Quando se trata de escolher barris para suas cervejas, os cervejeiros têm que considerar o que vem a seguir, como explico nesta seção:

- » Que tipo de barril será usado (vinho, conhaque, uísque, e por aí vai)?
- » Qual é o estilo base da cerveja (Porter, Stout, Barleywine, entre outras)? (Veja o Capítulo 4 para uma apresentação dos estilos de cerveja.)

> A cerveja final será *limpa* (sem mistura) ou misturada com outra cerveja?

Escolhendo seu veneno: Barris de bourbon e além

Os cervejeiros têm as seguintes opções de barris para a maturação da cerveja.

- **Barris de bourbon**: Nesse momento, os barris norte-americanos de bourbon são o que há de melhor para o envelhecimento da cerveja. Uma razão é sua disponibilidade fácil; outra, sua característica de sabor intenso.

  Os barris de bourbon são carbonizados por dentro, de acordo com as especificações dos destiladores; eles podem ser levemente ou altamente carbonizados. Essa carbonização, junto com o caráter de carvalho, pode permear a cerveja, criando uma incrível mistura com aromas e sabores torrados e/ou defumados, de baunilha e caramelo.

- **Barris de vinho e de xerez**: Barris de vinho e de xerez (e, em uma menor extensão, os de conhaque) também são usados com grande sucesso. Barris de vinho Chardonnay, por exemplo, que não são carbonizados, infundem a cerveja com um aroma quente tostado de carvalho, e sabores de coco e baunilha.

- **Barris de uísque**: Os barris de uísque dão à cerveja sabores similares àqueles obtidos ao envelhecê-la em barris de bourbon, mas os barris de uísque não são tão intensos.

Escolhendo um sabor de barril antigo para o tipo de cerveja desejado

Nessa nova era de iluminação cervejeira, os cervejeiros que fazem a incursão na cerveja envelhecida em barril, estão descobrindo que existem muitas opções quando se trata de escolher que tipo de barril deve ser usado para maturar suas cervejas. Cada barril tem a própria personalidade e características, e apresenta uma possibilidade diferente.

Escolher entre barris de vinho e uísque não é sempre fácil, mas entre diferentes tipos de vinhos (tinto ou branco), vinhos fortificados (porto e madeira) e destilados (brandy e conhaque) torna a decisão ainda mais difícil. As opções se estendem além do bourbon para outras bebidas destiladas, como uísque escocês, rum e tequila.

Em geral, os barris de bourbon e uísque são perfeitos para cervejas escuras e ricas, como a Imperial Stout, porque os sabores de grãos escuros da cerveja associam-se perfeitamente com as características tostadas e defumadas da madeira. Barris de vinho são melhores para sabores mais delicados. Estilos de cerveja mais pálidos, como a India Pale Ale, funcionam melhor com barris de vinho que emprestam seu caráter frutado para a cerveja sem transferir qualquer defumado ou cor.

Quando barris de xerez ou conhaque são usados para maturar a cerveja, geralmente são aos caprichos do cervejeiro. Não existem regras rígidas e firmes sobre misturar e combinar estilos de cerveja e tipos de barril na sala de brassagem.

O que é ainda mais impressionante é que os cervejeiros combinam esforços para casar estilos específicos de cerveja com tipos específicos de barris. Diferentes tipos de barris têm características gerais que os fazem especialmente apropriados para certas cervejas.

Muito do que acontece na indústria da cerveja artesanal atualmente, no que diz respeito ao envelhecimento da cerveja dentro e em madeira, é completamente experimental. A medida em que um cervejeiro pode prever o resultado de qualquer cerveja que foi maturada por muito tempo em um barril de madeira é questionável — especialmente daquelas bebidas misturadas. Apenas repetidas experimentações fornecem resultados previsíveis.

Marcando Alguns Pontos no Processo de Maturação

Os cervejeiros não podem sempre estabelecer uma data de embalagem no calendário antes do tempo para a cerveja envelhecida em barril e em madeira. Mais frequente do que se pensa, a cerveja é quem decide quando está pronta. As cervejas envelhecidas em barril e em madeira precisam ser experimentadas periodicamente para avaliação da progressão de sabor. Esse processo pode levar meses ou até anos.

Conferindo a oxidação da cerveja

Como se escolher tipos de barris e combiná-los com os estilos da cerveja (como explico anteriormente neste capítulo) não fosse suficiente para ocupar a cabeça dos cervejeiros, eles também têm que levar em consideração o nível de oxidação que ocorre enquanto a cerveja está maturando.

Enquanto a cerveja envelhece em barris de madeira, as *aduelas* — longas tábuas que formam o barril — absorvem uma parte da cerveja, e uma quantidade adicional pode evaporar com o tempo, o que deixa um espaço vazio no barril. Nesse caso, os cervejeiros têm poucas opções:

» Completar seus barris com mais cerveja para preencher o vazio, a fim de evitar a oxidação da cerveja e aromas e sabores que resultam da oxidação.

» Preencher o vácuo com gás CO2 (dióxido de carbono). Pelo fato de o gás de dióxido de carbono ser mais pesado que o oxigênio — e o ar ambiente — ele efetivamente empurra o oxigênio para fora do barril e deixa uma manta invisível de proteção em cima da cerveja. A manta protege a cerveja da oxidação e seus efeitos.

» Deixar a cerveja maturar e se desenvolver naturalmente e não fazer nada em relação ao vácuo no barril. O processo de permitir que

> minúsculas quantidades de ar infiltrem-se pela madeira trata-se de uma lenta oxidação controlada que leva a um aprofundamento do sabor, que não seria possível de outra forma.

Decidindo se deixa a cerveja ficar ácida

Além de considerar as qualidades oxidantes do envelhecimento da cerveja, os cervejeiros também têm a opção de permitir a suas cervejas azedarem durante a maturação e envelhecimento. Sim, eu disse *azedar*!

As Sour Beers (*sour* significa azedo em inglês) têm sido parte da realidade cervejeira durante milênios, mas o sabor acre na cerveja era normalmente considerado negativo. Nos tempos de outrora (seja lá quando essa outrora foi), os cervejeiros faziam o que podiam para evitar que suas cervejas azedassem, mas agora isso é considerado uma opção viável. Muitos veem as Sour Beers como um sociável meio-termo entre os aventureiros consumidores de cerveja e os de vinho. As cervejas azedas e acres podem ser sutis ou intensas, mas são sempre vivas e refrescantes.

A seguir estão os três diferentes níveis da Sour Beer:

- » **Sour Beer não intencional**: Resulta da mesma forma que soa — não intencionalmente —, e é basicamente uma cerveja que ficou ruim como resultado de um erro na cervejaria, inclusive mau manuseamento ou manutenção do equipamento.

- » **Sour Beer intencional**: Essa cerveja é feita de acordo com o estilo — em outras palavras, os cervejeiros planejaram a receita de modo a produzir uma cerveja com sabor azedo (como a Berliner Weisse; veja o Capítulo 4).

- » **Sour Beer antecipada**: A acidez dessa cerveja é uma questão de previsão da influência do envelhecimento em barril na cerveja final, devido à ação de leveduras selvagens ou bactérias presentes na madeira. Esse processo resulta em sabores inesperados na cerveja finalizada — alguns desejáveis, outros nem tanto.

Os riscos necessários

Pelo fato de o envelhecimento em barril ser mais uma arte que uma ciência, não é tão controlável como práticas padrão de fabricação de cerveja. Produzir Sour Beer envelhecida em barril é lançar-se à fé, pois envolve alguns riscos e demanda muita paciência, pelas seguintes razões:

> » Envelhecimento em barril é uma espera cara. Os cervejeiros podem ter que esperar um ano ou dois (ou mais) para ver se a bebida turva com leveduras, descansando em barris poeirentos e encharcados, se desenvolveu em um delicioso néctar acre que foi planejado, ou se tornou-se uma cerveja impossível de beber, devastada por leveduras agressivas e bactérias vorazes.
>
> » Envelhecimento em barril é uma estranha dinâmica. Ainda que a cerveja se transforme em um majestoso exemplo da arte do cervejeiro, ele ainda tem que persuadir o consumidor a bebê-la. Um cervejeiro artesanal noticiou que ainda recebe ligações de clientes dizendo a ele que uma garrafa da sua cerveja envelhecida em barril deve ter estragado, porque tinha sabor azedo!

Os micróbios que levam à acidificação (e as cervejas que resultam)

As cervejas que ficam azedas durante o envelhecimento em barril normalmente entram em contato com estas leveduras selvagens ou bactérias abrigadas na madeira do barril:

> » ***Brettanomyces****:* Carinhosamente também chamada de *Brett*, é uma levedura selvagem que muitos cervejeiros consideram ser a gêmea má da cerveja de levedura comum (*Saccharomyces*). Quando a Brett azeda a cerveja, deixa um aroma de celeiro ou de suor de cavalo.

DICA

Se quiser conferir esse micróbio acidulante — e quem não iria querer —, experimente o que muitos conhecedores de cerveja consideram uma clássica cerveja Brett: Orval Trappist Ale, da Bélgica.

CAPÍTULO 6 **Envelhecendo a Cerveja em Barril e em Madeira** 85

PAPO DE ESPECIALISTA A oxidação em barril (que discuto anteriormente neste capítulo) não é tanto um problema com a *Brettanomyces*. A Brett forma uma *película* (um filme branco, rugoso e viscoso) na superfície da cerveja, que a protege da oxidação do vácuo do barril preenchido com ar.

>> **Lactobacilos:** São um micróbio que azeda a cerveja criando ácido láctico (os lactobacilos também azedam o leite, por isso a parte *lacto* do nome).

>> **Pediococcus:** Também uma bactéria que azeda a cerveja e, por ser *anaeróbica* (significa que vive sem oxigênio), é, portanto, a bactéria com maior potencial para estragar qualquer cerveja. Um dos maiores desenvolvimentos de sabor como resultado da *Pediococcus* na cerveja é a produção de *diacetil* — um aroma e sabor amanteigado.

>> **Acetobacter:** É uma bactéria que produz ácido acético. Quando a cerveja é infectada com acetobacter, está no caminho de se tornar um vinagre maltado. E você *não* quer beber isso!

Antes que qualquer um saia correndo em busca de uma cerveja "azeda envelhecida em barril" como seu estilo de cerveja favorito, preciso informar que apenas um punhado de estilos de cerveja é designado a ser azedado durante o processo de envelhecimento em barril. Se você é fã das cervejas Czech Pilsner, Dortmunder Export ou Bavarian Bock, lamento dizer que está sem sorte. Na verdade, nenhum estilo de lager é intencionalmente azedado. Note a palavra *intencionalmente*. Alguns estilos de lager são envelhecidos em barril, mas apenas na intenção de se obter o sabor da madeira, não para ficar com micróbios que azedam a cerveja. E até lagers envelhecidas em barris não azedas são poucas e distantes entre si.

DICA

Se você está interessado em experimentar os mais finos exemplos de cervejas do velho mundo envelhecidas em barris, confira o estilo Flanders Red Ale, da província Belga do Oeste de Flanders, perto da cidade de Roeselare. Prepare-se para se impressionar e surpreender. Prepare-se para gastar um pouco de dinheiro também; eles não ligam essas cervejas à linha de montagem da moda.

NESTE CAPÍTULO

» Definindo a cerveja extrema
» Descobrindo as origens da cerveja extrema

Capítulo **7**

Mergulhando em Cervejas Extremas

Se você pedisse a uma dúzia de cervejeiros artesanais para criar uma cerveja extrema, provavelmente obteria diferentes receitas baseadas na noção que os cervejeiros têm dessa palavra. No entanto, uma coisa é garantida: todas as cervejas passariam do limite em termos de aroma, sabor, sensação de boca e potência. A sutileza deixou o prédio!

Fazer uma cerveja extrema é forçar os limites de qualquer maneira que puder. Quanto maior, mais arrojada e malévola sua cerveja for, maior a probabilidade de atrair fãs ávidos. Agora, nem todo mundo acha cervejas extremas fáceis de beber e gostar, mas muitos fanáticos não enjoam delas.

Este capítulo mostra as características das cervejas extremas e algumas das versões originais. Também percorre rapidamente os tipos mais comuns de cervejas extremas modernas e as várias maneiras como seus fabricantes tentam se sobressair uns dos outros.

O que Torna uma Cerveja "Extrema"?

Como parte do mecanismo de fabricação, sobre o qual falo no Capítulo 3, a cevada maltada é submetida a um processo de moagem que extrai o açúcar fermentável, ou *maltose*, do grão. A maltose é, então, convertida em álcool pelas leveduras durante a fermentação. O mesmo grão também transfere sua cor à cerveja e proporciona a ela corpo, textura e sabor. Esses três efeitos do processo de fabricação podem ser usados para tornar a cerveja extrema ao criar um maior corpo, sabor mais intenso e maior teor alcoólico.

Penso que é seguro dizer que, quando se trata de cervejas extremas, um belo gole de matar a sede não faz parte do programa. Essas cervejas são realmente feitas para bebericar, não para dar goladas.

DICA

Mais encorpada

O fato de as cervejas extremas terem mais corpo que as normais é apenas parte do processo de fabricação. A fim de obter mais sabor e álcool na cerveja, o resultado é uma cerveja mais encorpada. O processo de criar uma cerveja mais encorpada é simples, apenas use mais malte. Adicionar mais malte à bebida significa mais de tudo que o malte proporciona: cor, sabor, textura e açúcares fermentáveis de malte.

Apesar de a maioria dos açúcares de malte ser consumida pela levedura durante a fermentação, uma levedura normal não consome mais que 75 a 80% dos açúcares disponíveis. Isso significa que, em média, 20 a 25% dos açúcares do malte permanecem na solução depois da fermentação. Essas sobras de açúcar transmitem doçura e corpo à cerveja.

As dextrinas são outro importante componente derivado do malte. Embora não possam ser percebidas no sabor, proporcionam à cerveja uma sensação de volume e densidade no paladar. Uma cerveja com muitas dextrinas proporciona mais a sensação de óleo de motor no paladar que de água.

Sabor mais intenso

As cervejas extremas têm tudo a ver com sabor intenso. A Tabela 7-1 apresenta alguns ingredientes usados para tornar uma cerveja tradicional uma bebida extrema. Ela também indica por que os cervejeiros adicionam esses ingredientes e os efeitos que têm no sabor da cerveja.

TABELA 7-1 Criando Mais Sabor com Vários Ingredientes

Ingrediente(s)	Exemplos	Por que é adicionado	Efeito
Grãos escuros torrados	Cevada torrada, malte escuro, malte chocolate	Maior intensidade do sabor	Sabores tostados, queimados ou de chocolates escuros
Maltes diferentes	Malte cristal, malte de madeira defumada, malte de turfa defumada	Adiciona doçura de malte, complexidade adicional	Complexidade e profundidade de sabor
Diferentes variedades de lúpulo (ou aumento das quantidades)	Cascade, Centennial, Simcoe	Intensifica o aroma e sabor do lúpulo, aumenta o amargor	Intensificação de todas as características do lúpulo

(continua)

(continuação)

Ingrediente(s)	Exemplos	Por que é adicionado	Efeito
Fontes de açúcar e xaropes	Frutas e extratos de fruta, açúcar mascavo, mel, xarope de bordo e melaço	Maior sabor, sabores incomuns, aumenta o teor alcoólico	Complexidade e intensidade de sabor
Ervas, temperos e condimentos não fermentáveis	Fava de baunilha, alcaçuz, café, chá, raiz de gengibre, abóbora, urze, camomila e pimentas.	Maior sabor, sabores incomuns	Complexidade e intensidade de sabor
Levedura	Leveduras de champanhe, leveduras selvagens e bactérias	Maior grau de fermentação, sabores incomuns	Mais álcool, cerveja mais seca, sabores como banana, chiclete, e cravo-da-índia. Leveduras selvagens podem criar Sour Beers (mais sobre isso no Capítulo 6)

Os cervejeiros também têm a opção de envelhecer suas cervejas por longos períodos de tempo em barris de carvalho. Envelhecer uma cerveja em barril resulta em uma ampla quantidade de características de madeira, carvalho e cedro que não são diferentes das que você pode encontrar em alguns vinhos ou uísques. Para saber mais sobre cervejas envelhecidas em barris, pule para o Capítulo 6.

Maior teor alcoólico

Nem todos os cervejeiros que se propõem a criar uma cerveja extrema têm em mente o alto teor alcoólico — literal ou figurativamente. Em muitos casos, os níveis elevados de etanol na cerveja são apenas um subproduto feliz da receita. Quando os cervejeiros fazem uma cerveja encorpada com o propósito de intensificar o sabor e a sensação de boca, o álcool que resulta de todo aquele malte não pode ser evitado. O cervejeiro teria que desviar do seu caminho para impedir as leveduras de fazerem o que fazem naturalmente.

Por outro lado, alguns cervejeiros se propõem especificamente a fazer cervejas de alta octanagem. Alguns o fazem por experimentação ("o quão forte posso fazer essa cerveja?"), alguns como parte de uma competição de um só jogador e alguns com a intenção expressa de comercializar cervejas que dão o que falar.

Até para as leveduras mais fortes, fermentar uma cerveja com mais de 12 ou 14% de álcool sem cair em estupor pela toxicidade do álcool não é normal. Para que as leveduras cheguem àquele nível, e além, precisam de uma pequena ajuda do cervejeiro. Alguns truques dessa troca incluem:

» Aumentar a temperatura da fermentação

» Adicionar leveduras mais novas e frescas à bebida

» Agitar o recipiente da fermentação para manter as leveduras em suspensão líquida

» Usar variedades mais fortes de levedura que são normalmente usadas para fermentar xerez ou champanhe

E, então, existe o macete dos cervejeiros, conhecido como *destilação por congelamento*. A ideia é que, esfriando a cerveja bem abaixo do ponto de congelamento, a água da cerveja comece a formar cristais de gelo. Esses cristais de gelo são peneirados para fora da cerveja, deixando para trás um líquido muito mais concentrado — assim como o teor alcoólico. Cada vez que esse processo é feito, a cerveja fica cada vez mais densa e o teor alcoólico, maior.

Cervejas Monásticas: As Cervejas Extremas Originais

Ordens religiosas têm fabricado cerveja na Europa desde a Idade Média. Essas *cervejas monásticas* são sempre amplamente elogiadas e premiadas, mas frequentemente mal-entendidas — devido à sua origem. Muitas pessoas acreditam que as cervejas monásticas são raras e de grande potência. Embora algumas sejam de fato raras e muitas, extremamente fortes, as requintadas cervejas fabricadas pelas ordens Cisterciense, Beneditina e Trapista não podem ser tão facilmente definidas.

Muitos estilos de cerveja monástica são bem antigos e, portanto, são ales, mas pelo menos um tem parentesco com a lager. Independente das classificações, as bebidas monásticas são exemplos antigos de como a cerveja chega a ser extrema.

NESTE CAPÍTULO

» Investigando a cerveja orgânica

» Obtendo informações sobre cervejas sem glúten

Capítulo 8
Conferindo Cervejas Orgânicas, sem Glúten

Por uma razão ou outra, algumas pessoas não são capazes de beber o que o resto de nós considera uma cerveja "normal". Para alguns, é uma escolha pessoal; para outros, é uma questão de saúde ou prática religiosa. Se você se encaixa em algum desses grupos, veio ao lugar certo. Este capítulo busca fornecer informações que você precisa para continuar apreciando cerveja (das variedades orgânica e sem glúten) sem comprometer sua saúde, consciência ou convicção religiosa.

Seleção Natural: Cerveja Orgânica

Nos dias de hoje, um movimento orgânico está estabelecido em relação a todas as coisas... bem, orgânicas. Café orgânico, frutas e vegetais orgânicos, sucos orgânicos — e seguindo o vinho orgânico, a cerveja orgânica parecia estar na progressão natural das coisas. Nas próximas seções, falo sobre as origens da cerveja orgânica, sua certificação e rotulagem, algumas razões para considerar a hipótese de se beber cerveja orgânica e diferentes cervejas orgânicas que você pode experimentar.

Por que ir de orgânica? Ajude o meio ambiente — Beba uma cerveja!

Então, por que beber cerveja orgânica? Você não vai encontrar nenhum incentivo financeiro real para beber cerveja orgânica, pois elas são geralmente tão caras quanto as artesanais. O real incentivo para beber as orgânicas está enraizado na grande satisfação de saber que você não está depositando outro fardo no meio ambiente. Um compromisso com a agricultura sustentável e com o meio ambiente, isso é o que representa a cerveja orgânica, como esboço na lista a seguir:

» Beber cerveja orgânica pode contribuir para sua saúde e bem-estar em geral. Ao consumir cervejas orgânicas, você evita o consumo de produtos químicos usados na agricultura e no processamento de comida — muitos dos quais se sabe que são tóxicos.

» Beber cervejas organicamente fabricadas contribui para a melhoria do meio ambiente. A agricultura orgânica reduz a erosão e o esgotamento dos nutrientes do solo, escassez de água e poluição ao não usar produtos químicos para fertilizar as colheitas ou para combater pestes e doenças.

» Ao beber cerveja orgânica você dá suporte à indústria de agricultura orgânica, que contribui com a quantidade de terra que é cultivada sem uso de produtos químicos e de maneira sustentável. A agricultura orgânica também proporciona mais empregos agrícolas por acre do que a agricultura convencional.

CUIDADO

Cuidado com a lenda urbana de que cervejas orgânicas são menos propensas a dar ressaca devido à ausência de produtos sintéticos — não é verdade! Agora, onde coloquei a aspirina?

Movimento orgânico: Uma lista das cervejas orgânicas

Se está interessado em experimentar algumas cervejas orgânicas, você está com sorte; a Tabela 8-1 traz uma lista para começar.

TABELA 8-1   Uma Amostra de Cervejas Orgânicas

Cerveja	Cervejaria	País
Foret	DuPont	Bélgica
Jade	Bénifontaine	França
Pinkus Organic Münster Alt	Pinkus-Müller	Alemanha
Golden Promise	Caldonian	Reino Unido
Organic Best Ale	Samuel Smith	Reino Unido
Chocolate Stout	Bison	Estados Unidos
Cru D'Or	North Coast	Estados Unidos
Green Lakes	Deschutes	Estados Unidos
Laurelwood Free Range Red Ale	Hopworks	Estados Unidos
Mothership Wit	New Belgium	Estados Unidos
Mud Puddle PNW Red Ale	Oakshire	Estados Unidos
Organic Zwickel Bier Pale Ale	Redrock	Estados Unidos
Squatters Organic Amber Ale	Utah Brewers Cooperative	Estados Unidos
Woody Organic IPA	Roots Organic	Estados Unidos

Uma Esperança para Pessoas com Doença Celíaca: Cerveja sem Glúten

Como menciono no Capítulo 2, muitos grãos diferentes têm sido usados para fabricar cerveja durante milênios. É claro, a cevada é o melhor; seguida pelo trigo e depois, centeio. O problema com esses grãos — ao menos para pessoas que sofrem da doença celíaca — é que eles contêm *glúten*. O glúten é responsável por desencadear uma reação autoimune no intestino delgado das pessoas com essa adversidade em particular. Essa reação pode ser debilitante, causar grande desconforto e possível rompimento da função do intestino delgado a longo prazo. Isso significa que pessoas com a doença celíaca não absorvem os nutrientes que precisam de sua alimentação, e podem experimentar uma variedade de outros problemas de saúde.

Como resposta à crescente demanda por cervejas sem glúten no mercado comercial, muitas cervejarias ao redor do mundo estão apresentando novos produtos a cada ano. Nas próximas seções, anoto grãos e amidos que são seguros para as pessoas com doença celíaca consumirem na cerveja, e forneço uma lista de cervejas sem glúten para começar a experimentar.

A turma dos "sem glúten": Grãos e amidos usados na cerveja sem glúten

LEMBRE-SE

Aqui você encontra uma lista de grãos não permitidos e seus derivados, que pessoas com doença celíaca devem evitar:

- » Cevada e malte de cevada
- » Malte, extrato de malte, tempero de malte e vinagre de malte

- » Centeio
- » Trigo — incluindo durum, sêmola, kamut e trigo-vermelho

Vou ser honesto aqui — a cerveja feita de grãos livres de glúten provavelmente não se equipara à regular no sabor e qualidade, mas para alguém que enfrenta uma vida inteira de restrições em beber cerveja, a cerveja sem glúten é como o néctar dos deuses — feito sem glúten, claro!

Sorgo, painço e trigo-sarraceno são os três grãos mais comuns que substituem aqueles que contêm glúten e são usados para fazer cerveja, mas aqui está uma lista mais completa dos grãos e amidos que são seguros para o consumo:

- » Feijão
- » Trigo-sarraceno
- » Milho
- » Painço
- » Batata
- » Quinoa
- » Arroz
- » Sorgo
- » Soja
- » Tapioca

Sem glúten, mas cheia de sabor: Uma lista das cervejas sem glúten

Você está no mercado para comprar uma cerveja sem glúten? A Tabela 8-2 apresenta uma amostra de cervejas sem glúten comercialmente produzidas que você pode experimentar.

CUIDADO

Muitos cervejeiros de cervejas sem glúten formularam seus produtos com 100% de ingredientes sem glúten e processos que garantam a pureza do seu produto. No entanto, alguns processos de filtragem usados pelas cervejarias tornam o glúten indetectável em cerveja com baixo teor de glúten; então, a não ser que a cerveja seja totalmente livre de glúten, os celíacos não têm garantia de que estão completamente seguros. E, pelo fato de a cerveja *sem glúten* ser uma questão de saúde, as regulações de rótulo de cerveja atuais não permitem o termo *sem glúten* aparecer em qualquer cerveja vendida no Brasil. Comprador e bebedor, cuidado!

TABELA 8-2 Cervejas sem Glúten Produzidas Comercialmente

Cerveja	Cervejaria	País
Australia Pale Ale	Billabong	Austrália
O'Brien Premiun Lager	O'Brien	Austrália
Green's Discovery Amber Ale	De Proef	Bélgica
Green's Endeavor Dubbel	De Proef	Bélgica
Green's Quest Tripel	De Proef	Bélgica
La Messagère	New France	Canadá
Kukko Pils	Laitilan	Finlândia

Cerveja	Cervejaria	País
Beer Up Glutenfrei Pale Ale	Brauerei Grieskirchen	Alemanha
Birra 76	Bi-Aglut (food products)	Itália
Mongozo Palmnut	Mongozo Beers	Países Baixos
Mongozo Quinua	Mongozo Beers	Países Baixos
New Grist	Lakefront	Estados Unidos
Passover Honey Beer	Ramapo Valley	Estados Unidos
Redbridge	Anheuser-Busch	Estados Unidos
Tread Lightly Ale	New Planet	Estados Unidos

3 Comprando e Apreciando Cerveja

NESTA PARTE...

Consumidores de cerveja, em geral, não gastam seus neurônios no processo de comprar cerveja, exceto talvez ao pegar o que estiver em promoção. Nesta parte, procuro corrigir essa situação ao fazer de você um consumidor informado.

Embora isso surpreenda algumas pessoas, a cerveja merece tanta atenção em termos de servir e apreciar quanto o vinho. A cerveja, inclusive, substitui muito bem o vinho na cozinha e na mesa. Como o vinho, a cerveja tem seu vocabulário e um conjunto de técnicas que podem realmente aumentar seu entendimento e apreciação. Você descobre o que precisa saber nesta parte.

Mas, é claro, se você está simplesmente com sede, vá logo abrir uma gelada!

> **NESTE CAPÍTULO**
> » Escolhendo sua embalagem
> » Entendendo sua desconfiança enquanto compra
> » Conferindo suas compras

Capítulo **9**

O Melhor Jeito de Comprar Cerveja

Cerveja é comida. Algumas vezes você ouve os europeus se referirem à cerveja como pão líquido (embora fazer um sanduíche com cerveja seja um pouco difícil). Como a maioria das comidas, especialmente o pão, a cerveja é perecível, e envelhece com o tempo, então quanto mais fresca a cerveja, melhor ela é. Por isso, os consumidores de cerveja no caminho da iluminação querem consumir cerveja que foi propriamente manuseada para manter o frescor — particularmente se ela não tem conservantes (muitas das boas cervejas não possuem conservantes).

O frescor da cerveja tem quatro inimigos: tempo, calor, luz e oxidação. Neste capítulo, explico como lidar com esses problemas para se tornar um consumidor mais informado sobre o processo.

Latas, Garrafas, Growlers e Barris Keg: Decidindo Qual É Sua Escolha

Os consumidores de cerveja têm discutido incessantemente se a cerveja é melhor engarrafada ou enlatada. Em vez de fazer um pronunciamento autoritário e apresentar minha opinião (que, claro, é a certa), essa seção apresenta os fatos e deixa que você chegue às próprias conclusões sobre latas de cerveja, garrafas, growlers e kegs.

Pensando melhor, deixe-me dar minha opinião logo: a cerveja em lata oferece mais conforto, mas não se pode argumentar contra a estética da velha garrafa marrom — me chame de antiquado. Além disso, onde estariam os grandes guitarristas, como Eric Clapton e Bonnie Raitt, sem seus slides feitos dos pescoços de garrafas de vidro de cerveja? (Alguma vez você já ouviu falar de um guitarrista que tenha feito slide com uma lata de alumínio?)

Batendo lata

A garrafa precede a lata em aproximadamente 4 mil anos. As pessoas, que antes bebiam chope fresco em tavernas vizinhas (ou carregavam-no para casa em um balde), passaram a comprar cerveja em lojas, em garrafas. As latas de cerveja, apresentadas pela primeira vez em 1935, revolucionaram a indústria cervejeira. Quando pacotes de cerveja em lata (seis por pacote) foram apresentados, eram muito mais leves, rápidos para gelar e mais cômodos do que as garrafas em geral (o que continua valendo hoje em dia). Infelizmente, a cerveja sempre ficava com o gosto da lata em que estava.

Afinal, um forro sintético, que protegia a cerveja do contato com o metal, foi inventado, e a lata se tornou mais popular do que nunca. Em algum momento, a velha lata foi substituída pela mais nova e mais leve lata de alumínio, e parte graças ao crescente mercado de massa, a indústria cervejeira não olhou para trás. Mas até as latas de alumínio atuais são revestidas com um forro alimentício para impedir qualquer vestígio de cerveja de entrar em contato com a lata.

CUIDADO

Uma das muitas vantagens que as latas têm em relação às garrafas é a completa eliminação dos danos causados pela luz e uma considerável redução dos causados por oxidação (*cerveja oxidada* é a cerveja que foi exposta ao oxigênio). O calor, no entanto, ainda pode ser um problema, já que acelera o processo de oxidação.

LOUCOS POR CERVEJA

Engarrafada ou enlatada, a cerveja deve ter o mesmo gosto. No entanto, cervejeiros artesanais têm tradicionalmente usado garrafas quase que exclusivamente, pois o equipamento para enlatar é mais caro que aquele para engarrafar. Mas a tendência está mudando. As latas de alumínio estão, mais uma vez, tornando-se a embalagem de escolha, até na indústria de cerveja artesanal.

Optando por garrafas

Apesar da popularidade da cerveja em lata, a garrafa de cerveja nunca desapareceu. As únicas mudanças notáveis foram na esfera da conveniência. A antiga e pesada garrafa retornável foi substituída em muitos mercados por uma versão mais leve e descartável, e uma gêmea com tampinha de torcer.

As razões mais comuns para preferir comprar cervejas em garrafa às em lata são:

» As garrafas mantêm a cerveja mais gelada que as latas depois que você as tira da geladeira ou refrigerador.

» Há mais marcas disponíveis em garrafa que em latas.

» As garrafas parecem ser esteticamente mais agradáveis que as latas.

LOUCOS POR CERVEJA

Os devotos da cerveja em vidro discutem não só a favor das garrafas, como também sobre o tamanho e formato da garrafa que melhor realçam a cerveja, como longnecks versus stubbies. (Ainda estou para ouvir um argumento convincente para me converter a algum estilo de garrafa em particular.) Hoje em dia, as cervejarias ao redor do mundo usam dezenas de formatos de garrafa de cerveja; algumas das mais curiosas (Mickey's Big Mouth e Orval Trappist Ale, por exemplo) são feitas de acordo com as especificações de cada cervejeiro. Não me deixe nem começar a falar da garrafa Vortex!

Elegendo o Growler

Nos dias atuais, um dos aspectos mais interessantes das vendas a varejo de cervejas artesanais é, na verdade, um retorno aos dias antes da proibição. Os *growlers* estão se tornando bem populares para vendas de cerveja para se levar para casa em pubs cervejeiros e microcervejarias. Os growlers são normalmente jarros de vidro de ½ galão [aproximadamente 1,8L] enchidos por demanda pelas torneiras dos cervejeiros e vendidos para viagem. Muitas vezes as cervejarias cobram preços estabelecidos por um growler enchido (que depende da cerveja de escolha), com uma redução de preço quando você leva o growler para o refil. Algumas cervejarias até dão um refil grátis depois de alguns pagos.

LOUCOS POR CERVEJA

A conexão do growler com o passado faz um anedota interessante. Beber cerveja com pausas para almoço costumava ser uma prática aceitável de trabalhadores manuais. Esses trabalhadores pagavam as crianças para correrem até a cervejaria local para encher um pequeno balde com cerveja. Esse balde era conhecido como *growler* — nomeado por causa do ronco do estômago —, e o ato de encher o balde rápido era chamado de *apressando o growler*.

Comprar um growler de um pub cervejeiro é, geralmente, o único jeito de apreciar a cerveja daquele pub fora da cervejaria. Poucos pubs cervejeiros engarrafam suas cervejas, então os growlers servem como sua única forma de embalagem.

Rolando no barril keg

Você talvez não precise comprar um keg de cerveja com muita frequência, mas provavelmente vai comprá-lo ao menos uma vez para um piquenique, uma partida de futebol, uma festa de aniversário de 30 anos (ou 40, ou 50) ou uma megafesta quando terminar de pagar o financiamento. Além disso, o único jeito de ter chope fresco e não pasteurizado é comprando um keg. Nas próximas seções, apresento alguns pontos úteis de se usar um keg.

CUIDADO

Comprar um keg é fácil; difícil é transportá-lo. Os grandes são muito, muito pesados — tipo uns 68kg. Não levante um sozinho! Busque alguém grande e forte para pegá-lo, ou peça para entregá-lo diretamente na sua festa.

Tamanhos de keg

Você precisa descobrir quantas pessoas estarão presentes na festividade e seus níveis de participação para determinar de qual tamanho comprar. Veja a Tabela 9-1 para uma análise de tamanhos de keg. Tenha em mente que, na linguagem cervejeira, um barril — 31 galões ou aproximadamente 117 litros — não existe de verdade, a não ser para contagens e propósitos de capacidade da cervejaria.

TABELA 9-1 Tabela de Porções de Cerveja de Keg nos Estados Unidos

Tamanho do Keg	Número de porções de 355 ml	Número de porções de 235 ml
1/6 de barril — "mini" keg (5,16 galões) — 20 litros	55	82
¼ de barril — "pônei" keg (7,75 galões) — 30 litros	82	124
½ barril (15,5 galões) — 60 litros	165	248

CAPÍTULO 9 **O Melhor Jeito de Comprar Cerveja** 109

Outra opção de keg que está se tornando dominante na indústria cervejeira artesanal é a disponibilidade de *Cornelius kegs* (também conhecidos como *Corny kegs*). Esses recipientes finos e cilíndricos são as mesmas coisas que os produtores de refrigerantes têm usado por anos para dispensá-los. Alguns cervejeiros artesanais têm vendido suas cervejas nesses minikegs, tanto para mercados de grande escala quanto de varejo.

As partes de um keg

A Figura 9-1 mostra um exemplo de um keg popular, chamado de *Sankey*. As partes desse keg em particular incluem a válvula extratora e a torneira. A *válvula extratora* é o que aumenta a pressão dentro do barril para forçar a cerveja a sair. A *torneira* é por onde a cerveja é servida.

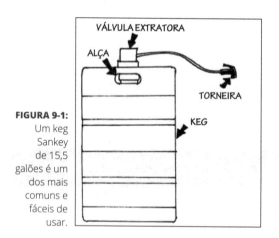

FIGURA 9-1: Um keg Sankey de 15,5 galões é um dos mais comuns e fáceis de usar.

Instruções para usar um keg

DICA

Embora você possa pensar que comprar um keg, colocá-lo em um lugar de fácil acesso e deixar seus convidados fazerem o resto é suficiente, siga estas dicas para fazer sua festa com keg ser ainda melhor:

» Certifique-se de adquirir a torneira certa para seu keg quando o comprar ou aceitar a entrega. Você é cobrado por um depósito reembolsável pelo equipamento de torneira, então trate-o com carinho.

» Entenda o sistema keg que está usando. Os dois sistemas kegs mais comuns no mercado são os fáceis de usar Sankey kegs, de laterais retas — usados pelas cervejarias Anheuser-Busch, Miller e muitas microcervejarias (veja a Figura 9-1) —, e os antiquados Hoff-Stevens kegs, com seus lados abaulados e o óbvio buraco de rolha (a abertura arrolhada por onde o keg é enchido).

CUIDADO

O sistema Hoff-Stevens deve ser atarraxado cuidadosamente no keg. (Cuidado com o chope que espirra!) Certifique-se de que as torneiras estejam limpas e apropriadamente instaladas nas aberturas, senão o keg pode não pressurizar corretamente. Se o keg não pressuriza, você não bebe! Isso causa tanta dor! Dor e, devo dizer, desapontamento.

» Mantenha a cerveja tão gelada quanto possível. Se você não tem uma geladeira enorme, coloque gelo na parte de cima e ao redor da base do keg enquanto ele fica em um grande balde ou lata de lixo de plástico.

» Espere que o primeiro galão ou mais seja um pouco mais espumoso que o normal. Afinal, ele provavelmente chacoalhou um pouco durante a entrega, mas a cerveja eventualmente sai normal. Deixar o barril sentado por um tempo ajuda, assim como encher um jarro e servir nele em vez de encher copos individuais. Ficar mexendo na válvula reguladora de pressão também leva a

CAPÍTULO 9 **O Melhor Jeito de Comprar Cerveja**

uma cerveja espumosa; servir em um jarro previne esse problema também. Sempre abra completamente a torneira quando dispensar a cerveja a fim de evitar espuma excessiva.

» Cuidado com as sobras. Algumas pessoas podem dizer que cerveja nunca é demais, e nenhum bom anfitrião quer que ela esgote. Isso significa que é possível que sobre cerveja. Se você não quer que aquele néctar precioso retorne junto com o keg depois da festa, planeje-se com antecedência: limpe completamente alguns jarros de plástico de leite — ou growlers, se os tiver — e esvazie o conteúdo do keg dentro deles. Refrigere a cerveja imediatamente e beba em um dia ou dois. Cerveja não pasteurizada de keg fica velha muito rápido.

Comprar ou Morrer: Procurando a Cerveja Mais Fresca

Muitas pessoas não estão nem um pouco conscientes acerca de apertar tomates, bater em melões, cheirar carne moída ou ler a data de validade em embalagens de pão no supermercado. E os entusiastas do vinho não prestam grande atenção ao ano da safra (colheita das uvas)? Por que, então, os consumidores de cerveja devem estar dispostos a entrar em uma loja, agarrar qualquer pacote velho de cerveja da prateleira e presumir que ela está fresca?

LEMBRE-SE

Nas próximas seções, apresento indicadores a respeito da procura pela cerveja mais fresca por aí. Ponto de partida: não espere que a cerveja seja nem um pouco mais resistente ao tempo, calor e à incidência de luz do sol que as outras comidas frescas. Se o varejista empilha pacotes de cerveja à mostra em frente às janelas da loja que ficam expostas ao sol por várias horas por dia, apresente um relatório para a polícia da cerveja de uma vez! Para resumir: tempo = ruim, calor = ruim, luz = ruim, refrigeração = bom.

112   PARTE 3 **Comprando e Apreciando Cerveja**

Entendendo que o tempo não está do seu lado

LEMBRE-SE

Como mencionei anteriormente neste capítulo, a cerveja fica velha com o tempo. Três meses são a média da janela de frescor (a data de validade) para garrafas pasteurizadas ou cerveja em lata. Algumas cervejas têm uma validade maior que outras. Cervejas totalmente pasteurizadas (aquecidas por mais de uma hora, como acontece com a maioria das cervejas de megacervejarias) são mais estáveis que as cervejas rapidamente pasteurizadas (aquecidas apenas por um minuto, como algumas cervejas artesanais). Ainda, lúpulo e álcool servem como conservantes naturais, então, cervejas bem lupuladas e fortes têm uma validade maior.

Cervejeiros conscientes ordenam que suas cervejas sejam removidas das prateleiras se não forem vendidas dentro do tempo apropriado. Infelizmente, muitas das pequenas lojas nos Estados Unidos que estão apenas começando a lidar com cervejas artesanais e importadas podem, não intencionalmente, manter estoques velhos à venda até muito depois do tempo que deveriam ser retornadas. A lição para você é esta: sempre verifique as datas antes de comprar; nunca compre cerveja velha.

Ficando longe da cerveja não refrigerada

O calor faz a cerveja estragar muito rápido. A refrigeração é, então, a maneira ideal de estender a validade da cerveja. No entanto, a falta de refrigeração apropriada é o maior problema para os revendedores de cerveja e distribuidores. Os revendedores geralmente têm um espaço limitado no refrigerador, e muitos tendem a reservar o espaço da refrigeração para cervejas de grande nome. Distribuidores com frequência estocam grandes quantidades de outras cervejas em cavernosos depósitos não refrigerados, que podem sujeitar a cerveja a flutuações extremas de temperatura. Isso para não mencionar a cerveja importada de outros países, que passa meses no porão de cargas dos navios.

A vida não é justa: vá pegar uma cerveja e pensar sobre isso.

Evitando a luz

Qualquer forma de luz é potencialmente prejudicial para a cerveja. A luz produz reações químicas nos compostos dos lúpulos. Essas reações criam um suave *cheiro de gambá* (*cheiro de gato*, no Reino Unido). Iluminação incandescente é ruim, mas a luz fluorescente — encontrada na maioria das lojas — é ainda pior. (Não, a luz da sua geladeira não vai destruir sua cerveja.) O pior inimigo da cerveja é a luz do sol, no entanto, porque é luz e calor.

LEMBRE-SE

Uma forma de proteger contra os danos da luz é usar o vidro colorido. Quanto mais opaco o vidro, melhor: verde é bom, mas âmbar (marrom) é melhor.

Verificando o ambiente da loja antes de comprar

DICA

Como pode você, o consumidor, saber quando uma cerveja em particular chegou à loja? Infelizmente, você não pode, mas pode achar pistas na cerveja ou embalagem que o ajudam a descobrir quais cervejas são de estoque novo e quais foram compradas muito tempo atrás. Aqui estão algumas dicas gerais de como comprar:

» Quer você compre cerveja em garrafas ou latas, sempre apanhe do estoque refrigerado primeiro.

» Procure por um carimbo de data legível — se tiver um. Olhe na parte superior das latas ou nos ombros das garrafas; fique desconfiado de qualquer uma que tenha uma manta de poeira.

» Quando comprar cerveja em garrafa, considere a cor da garrafa. Tenha em mente que o vidro verde permite penetrar mais luz que o marrom, e o vidro claro é o que mais permite a luz.

» Segure uma garrafa contra a luz e avalie a claridade da cerveja. Exceto as cervejas propositalmente engarrafas em estado não filtrado, uma cerveja filtrada fresca deve estar clara como cristal. Procure por sedimentos. A não ser que a cerveja em suas mãos seja uma Hefeweizen ou uma cerveja acondicionada em garrafa (veja o Capítulo 4), sedimentos sugerem que a cerveja está por ali há algum tempo.

» Balance suavemente a garrafa. Quaisquer pedaços de coisas girando são provavelmente flocos de proteínas que se levantaram do líquido — um sinal definitivo de que a cerveja é elegível para a vigilância sanitária.

» Verifique o espaço de ar (o *volume livre*) na parte de cima da garrafa. O volume livre apropriado deve ser não mais que 3 centímetros do topo do líquido à tampa. Um volume livre maior do que o normal promove oxidação, especialmente em cerveja não refrigerada. Não compre essa garrafa!

Você Se Queimou? Conferindo Sua Cerveja em Casa

Depois de deixar seu dinheiro e levar sua cuidadosamente examinada cerveja para casa, a avaliação pós-compra começa; explico o que fazer nas próximas seções.

Estourando a "rolha"

A avaliação da sua cerveja comprada recentemente começa com a remoção da tampa. A garrafa fez um rápido e saudável silvo? Ela entrou em erupção como o vulcão Vesúvio ou falhou em soltar qualquer carbonatação? A não ser que a garrafa tenha sido exposta a bastante calor ou você tenha feito alguma magia com ela logo antes de beber, a erupção indica uma potencial fermentação selvagem na garrafa — não é uma boa coisa, mas também nada que vá o matar também. Se uma rápida cheirada não verificar essa possibilidade, uma provadinha depois vai. Sabores e aromas avinagrados são, geralmente, bons indicadores de uma fermentação selvagem, mas uma pasteurização apropriada faz dessa uma ocorrência não muito frequente. E tenha em mente que certos estilos de cerveja são feitos para ter sabor azedo, e algumas são apenas naturalmente mais carbonatadas que outras. Não julgue tão rápido.

Se você não ouviu o *fizzzt* normal da garrafa, a cerveja foi carbonatada inapropriadamente na cervejaria (muito improvável) ou o vedante da tampa tinha uma fenda que permitiu o escape da carbonatação. Esses tipos de problemas praticamente não são relatados a respeito de cervejas conhecidas e de marca, e são geralmente limitados a produtos de pequenas cervejarias com baixa tecnologia.

Combatendo a tristeza da oxidação

Qualquer cerveja que esteja parada há muito tempo, independente se foi pasteurizada ou não, chega a um ponto em que fica velha (se torna *oxidada*). O resultado é uma cerveja que tem cheiro e sabor de papel nos primeiros estágios e de papelão nos estágios avançados. A cerveja refrigerada é, de longe, menos propensa a se oxidar, mas ainda pode acontecer ao longo do tempo.

Como as únicas maneiras de detectar a oxidação na cerveja são a cheirando e provando, você provavelmente não vai descobrir a falha até ter comprado a cerveja. Essa é outra boa razão para verificar a data de validade da cerveja no rótulo ou embalagem antes de comprar.

NESTE CAPÍTULO

» Compreendendo os rótulos de cerveja

» Entendendo a propaganda e o marketing da cerveja

Capítulo 10
Olhando para a Loucura dos Rótulos

Fazer uma escolha informada quando se está comprando cerveja embalada em lata pode ser um pequeno desafio. Algumas vezes, estranhas regulamentações governamentais e, vamos admitir, a licença poética dos cervejeiros se combinam para fazer o rótulo e a propaganda da cerveja de pouca ajuda. Determinar o que você está comprando, ou pagando extra, é, algumas vezes, difícil.

A poesia dos cervejeiros é geralmente óbvia (um resumo do sabor, o que é de grande ajuda, e ingredientes e processos de fabricação, que são em sua maioria irrelevantes para o consumidor médio). As palavras *maltada* ou *lupulada* podem dar uma boa ideia do sabor, mas uma lista de maltes ou lúpulos específicos não significa muito para muitas pessoas, embora seja apetitoso e divertido, até educativo. Outras informações, como *os mais finos grãos*, são algumas vezes confusas. Essas coisas tornam a cerveja melhor? O fã de cerveja deve entender os termos e fazer sua escolha baseada naquela informação? Na maioria das vezes, a resposta é não.

O que *não* está listado no rótulo da cerveja é mais preocupante e levanta ainda mais dúvidas na cabeça do consumidor informado. Este capítulo traz um pano de fundo sobre o que é o que no mundo da rotulagem e marketing da cerveja para que você possa consumir com confiança.

Entendendo os Rótulos

As regras dos Estados Unidos dizem que muito pouco é requerido nos rótulos de cerveja. Na verdade, as regras dos EUA requerem apenas o básico, e os rótulos podem ser tão incompletos quanto incorretos do ponto de vista do entusiasta de cerveja.

» Para cervejas domésticas, o nome e o endereço do empacotador ou engarrafador, mas não necessariamente do fabricante real da cerveja (ou o endereço atual) devem aparecer no rótulo.

» Para cervejas importadas, o rótulo deve incluir as palavras *importada por* seguidas pelo nome do importador, agente exclusivo ou único distribuidor responsável pela importação, junto com seu lugar principal de negócios nos Estados Unidos.

» A classe (ale ou lager) *deve* estar declarada, e o tipo (estilo — Porter, Bock e por aí vai) *pode* estar declarado. Infelizmente para os consumidores, o tipo é a mais importante distinção dos dois.

CUIDADO

A lei diz — muitas vezes sem precisão — quais cervejas podem e não podem ser chamadas de *Ale*, *Porter* ou *Stout*. Pelo menos um cervejeiro lançou mão deliberadamente de uma rotulagem inadequada de uma ale como uma lager ou um estilo que não existe para adaptar-se. Muito negligente.

Na União Europeia, as leis são parecidas, com algumas importantes adições: os cervejeiros que exportam para lá devem listar o país de fabricação, teor alcoólico por volume (não feito nos Estados Unidos), e uma data de *melhor consumir até*, algo que alguns cervejeiros norte-americanos fazem por escolha em um esforço para impressionar fãs perspicazes.

Para cervejas brasileiras, algumas informações são obrigatórias: nome da cerveja, tipo (estilo), teor alcoólico, conteúdo da embalagem, razão social e CNPJ do fabricante, registro no MAPA do fabricante e do produto, telefone de atendimento ao consumidor, composição da cerveja, informações sobre transporte e acondicionamento, validade e lote, e as frases obrigatórias "Aprecie com moderação", "Produto destinado a maiores de 18 anos" e "Contém glúten".

Pela lei dos EUA, muitas outras declarações e representações não devem ser usadas ou estar contidas nos rótulos, inclusive qualquer declaração ou representação relativa à análise nutricional, ingredientes, padrões ou testes.

O fraco, o forte e o ininteligível: Teor alcoólico

Embora *todas* as outras bebidas alcoólicas sejam *requeridas* a listar claramente o teor alcoólico em seus rótulos, listar qualquer indicação de força, incluindo a porcentagem de álcool (a não ser que a cerveja não tenha álcool), era proibido em rótulos de cerveja até 1996. Por anos, o governo teve medo de que as pessoas vendessem ou comprassem cerveja baseando-se unicamente na força. (Por que a mesma razão não se aplicava aos vinhos e destilados?)

LEMBRE-SE

A vasta maioria das cervejas ao redor do mundo tem teor alcoólico de 4 a 6% por volume (por exemplo, a Budweiser tem 5%). Muitas cervejas podem conter 7 ou 8%, e umas poucas seletas contêm níveis alcoólicos equivalentes aos dos vinhos de qualidade, de aproximadamente 12 a 14%.

O método mais comum de relacionar o teor alcoólico em uma cerveja é pela real porcentagem por volume, o que é lei no Reino Unido e na Europa. Nos Estados Unidos, tem sido costume entre os cervejeiros registrar o álcool pelo peso. Desses dois métodos, o álcool por volume é mais fácil de entender porque você compra cerveja assim, e, hoje, a vasta maioria dos cervejeiros registram teores alcoólicos por volume.

DICA

Alguns escritores de cerveja internacionais publicados fornecem ambas as medidas nas suas análises sobre cerveja. Leia rótulos e menus cuidadosamente e lembre-se de que números por peso são *menores* que aqueles por volume. Você pode estar consumindo muito mais (ou menos) álcool do que pensa.

Os europeus estão acostumados a ver indicação de teor alcoólico em suas cervejas, estando ou não acompanhada de um número:

- » Na Alemanha, os rótulos de cerveja em garrafa são propensos a conter uma das três designações legais de força seguintes: *schankbier* (fraco), *vollbier* (médio) ou *starkbier* (forte).

- » A Bélgica tem quatro categorias de força de cerveja, variando da *Catégorie III* (a mais fraca), passando pelas *Catégories II* e *I*, e terminando na *Catégorie S*, para forte.

- » A França tem que ser diferente, claro. Eles inventaram a própria medida de força, chamada de *graus Régie*, que eles usam para medir cervejas variando de *bière petite* (a mais fraca), através da *bière de table*, *bière bock*, *bière de luxe*, *bière de choix* e *bière spéciale* (a mais forte).

DICA

Se você quer saber a força e detalhes sobre a fabricação de uma determinada cerveja, pode conferir algumas boas análises na internet.

Rótulos ignorantes: Aditivos e conservantes

A indústria cervejeira dos EUA é uma das poucas indústrias de produção consumível que o governo não exige listar ingredientes nos rótulos do produto. Surpreendentemente, os consumidores também não demandaram aos cervejeiros fazer isso.

Entre os muitos aditivos e conservantes permitidos estão mais de 50 antioxidantes, realçadores de espuma, corantes, aromatizantes e variadas enzimas, como a *aspergillus oryzae*, o propilenoglicol, bissulfito de sódio, benzaldeído, acetato de etila e corante alimentício. E você pensando que cerveja era apenas uma água com gosto bom!

Uma das características das cervejas feitas artesanalmente é que são produzidas sem aditivos e conservantes sintéticos. Minha opinião é que os cervejeiros de grandes corporações são infames por usarem ingredientes mais baratos (grãos adjuntos, como milho e arroz — veja o Capítulo 2 para ingredientes mais frequentemente usados na cerveja) para fazer cerveja, mas, para os fãs da boa cerveja, como eu, muito pior do que sua frugalidade é o uso de aditivos e conservantes.

Publicidade e Marketing de Cerveja

Estranhamente, a maior ênfase na promoção de cerveja nos EUA está no reconhecimento do nome; assim, as propagandas exibem humor e situações sociais não relacionados com sabor, ingredientes ou qualidade geral da cerveja. Em outras palavras, enquanto a propaganda deveria exaltar as virtudes e as várias características do produto, a propaganda de cerveja de megacervejarias tende a ignorar a cerveja em si (nem me deixe começar a falar por quê). Como exemplos, tente um time sueco de biquíni, um cachorro feio chamado Spuds, sapos animados e rótulos de cerveja que dizem a você quando a cerveja está fria. (A gente precisa mesmo disso?) Pegou a ideia? Eles podem ser métodos criativos e efetivos de publicidade, mas dizem pouco sobre a cerveja. O mesmo em relação aos rótulos.

Nas próximas seções, exploro detalhes não essenciais geralmente inclusos na publicidade de cerveja e também apresento alguns esquemas de marketing, como falsas microcervejarias e fabricação de cerveja por contrato.

Obtendo detalhes não essenciais

Alguns dos chavões peculiares à indústria cervejeira inclui *misturas únicas*, *grãos selecionados*, *lúpulos premium* e *água pura da fonte*. Os dois termos mais usados (apesar do fato de que dizem muito pouco sobre o sabor da cerveja) são *suave* e *macia*. Em muitos casos, *insípida* e *sem vida* deveriam ser termos mais adequados.

Invadindo o território artesanal com as macrocervejarias disfarçadas de micro

Um pouco depois de a revolução da cerveja artesanal começar, o leão (megacervejarias) notou que o espinho (cervejeiros artesanais) em sua pata usava um marketing e uma estratégia de negócio inteligentes. Os megacervejeiros gostaram do selo de qualidade dos cervejeiros artesanais — e dos preços premium.

Em uma ilustração máxima de que a imitação é a mais sincera forma de adulação, alguns dos grandes megacervejeiros dos EUA compraram ou se tornaram sócios de uma série de cervejeiros artesanais regionais bem-sucedidos; alguns desses grandes cervejeiros também começaram a fazer as próprias marcas semelhantes às artesanais, disfarçadas de microcervejarias, através de um marketing inteligente (um gaiato apelidou-as de *micros clandestinas*).

DICA

Embora algumas das cervejas falsamente artesanais sejam incríveis e premiadas bebidas tradicionais de qualidade, muitas são simplesmente os mesmos velhos produtos maliciosamente mascarados de bons produtos. *Caveat emptor*[1].

Pegando a base da fabricação de cerveja por contrato

As microcervejarias (cervejeiros que produzem menos que 60 mil barris por ano) têm monopolizado a imagem de mercado em torno da cerveja gourmet: a maioria dessas cervejas vende mais porque os consumidores as consideram superiores, muito devido ao frescor resultante da fabricação local e em pequenas levas. Os consumidores também estão mais propensos a pagar mais pela cerveja que contenha um selo de ser micro e feita artesanalmente, como acontece com o pão artesanal ou móveis feitos à mão.

Você vai ver uma tendência definitiva quando certas marcas estiverem prósperas o suficiente para estabelecer uma demanda nacional que pode ser suprida apenas pela fabricação regional, o que é melhor que ter de recorrer a adjuntos e conservantes. Nada de errado com isso — a qualidade é a mesma. Ainda assim, você pode achar isso desconcertante.

LEMBRE-SE

Sua cerveja, cheia de personalidade, com rótulo artístico e nome que pega, exalando a qualidade de ser feita em casa e seu frescor de cerveja local, pode não ser feita ali perto por algum maravilhosamente talentoso louco por cerveja trabalhando arduamente em um equipamento feito em casa; ela pode ser, na verdade, produzida em uma planta industrial a centenas de quilômetros de distância, talvez financiada por capital de risco e movida por um marketing musculoso de primeira linha. Por exemplo, moradores de Chicago que têm carinho pela cerveja State Street Beer, de sua terra natal,

---

1N.E.: "Tome cuidado, consumidor!"

ficaram certamente surpresos em descobrir que ela é produzida em Evansville, Indiana.

No entanto, se a cerveja tem gosto bom, não se preocupe! O gosto — e sua satisfação — é tudo o que realmente importa.

NESTE CAPÍTULO

» Escolhendo o copo perfeito
» Aperfeiçoando sua tiragem
» Atingindo a limpeza completa

Capítulo 11
Servindo Cerveja

O simples ato de servir cerveja a alguém não precisa ser feito com floreios, mas deve ir um pouco além de deslizar uma lata gelada de Yahoo Brew pelo bar ou mesa da cozinha.

Se você está por dentro da boa cerveja, está por dentro de como a apreciar da maneira certa, e para apreciá-la da maneira certa você tem que prestar atenção em que copo usar, em como serve a cerveja e em como você limpa e guarda o copo quando tiver terminado de o usar. Você descobre todos esses aspectos sobre servir cerveja neste capítulo. Assegurar-se de que a cerveja que serve tem o melhor gosto que pode ter para você e seus convidados requer apenas um pequeno esforço. Eu sei que os cervejeiros apreciam isso, e você também vai apreciar.

Escolhendo um Copo com Classe

LEMBRE-SE

Você deve sempre derramar a cerveja da garrafa ou lata antes de servir. Ponto. Qualquer recipiente *limpo* é suficiente, mas vidro transparente tem uma clara vantagem sobre os copos e canecas opacos porque lhe permite apreciar a cor e o colarinho da cerveja. Afinal, parafraseando o ditado: "Bebemos primeiro com os nossos olhos." Uma brilhante e borbulhosa cerveja coberta por uma densa e firme coroa de espuma é uma miragem para olhos sedentos.

Além de aparentar estar boa, no entanto, as variadas formas e tamanhos de copos de cerveja têm um papel significativo na sua apreciação. Os copos que são fundos ou que têm curvas para dentro em direção ao topo são bem efetivos na captura e concentração dos aromas da cerveja. Nas próximas seções, descrevo uma série de estilos de copo básicos e alguns tipos fora do comum. Também forneço alguns indicadores para determinar quais copos são os certos para as suas necessidades.

A disposição dos copos: Os tipos básicos de copos de vidro

Tradicionalmente, certas cervejas têm um estilo de copo específico associado a elas. (Descrevo esses estilos nas próximas seções.) Usar esses copos é um sinal do seu grande respeito pela boa cerveja. A boa notícia sobre os copos de cerveja, no entanto, é que eles não envolvem regras rígidas. Não usar esses estilos é sinal apenas de que você é uma pessoa normal sem um copo superlegal, então não se desespere se você não tem um copo em particular. Se você não tem o copo perfeito, não se preocupe; aquele copo de chá gelado dos Flintstones no guarda-louça serve ao propósito.

Combinando o estilo de copo com o de cerveja

Cervejas simples podem ser servidas em copos simples; cervejas envelhecidas e caras devem ter tratamento real. A Tabela 11-1 descreve qual copo básico usar para cada tipo de cerveja.

TABELA 11-1 Os Copos Certos para Estilos de Cerveja Seletos

Descrição do copo	Cerveja
Copos fundos, em formato de tulipa	Cervejas fortes, como as Belgian Ales
Copos pint simples	Mild Ales e Brown Ales, Porters, Stouts
Copos pequenos, tipo taça de brandy, ou até de licores	Barleywines ricas e alcoólicas, Old Ales, e Imperial Stouts
Taças estilo flauta (flute) esguias, com haste	Algumas Ales Trapistas e de Abadia aromáticas e Cervejas de Fruta Belgas
Copos altos e estreitos	Cervejas leves, bem carbonatadas e aromáticas, como as Pilsners e Witbiers
Copos altos e espessos	Cervejas de Trigo
Cálices abaulados	Cervejas aromáticas, como a Berliner Weisse

Vamos ser práticos: Definindo os copos de que realmente precisa

Todos os apreciadores novatos de cerveja devem correr e comprar duas dúzias de diferentes modelos de copos de cerveja para consumi-las corretamente? De jeito nenhum. Beber cerveja é para ser agradável, e grande parte dessa diversão é o conforto. Escolha um copo de cerveja que seja agradável para você, e se divirta usando-o — com frequência.

DICA

No entanto, eu recomento ter no mínimo um conjunto de copos pint padrão de 473 ml em mãos, combinado com um conjunto de mais elegantes flautas de cerveja com pé. Você pode usar snifters de conhaque para uma saideira noturna de Old Ales, Scotch Ales, Quadrupels Belgas, Imperial Stouts e Stouts envelhecidas em barril.

CAPÍTULO 11 **Servindo Cerveja** 127

Enchendo o Copo

Embora beber cerveja em grandes goles em uma lata seja uma ocorrência comum, beber diretamente da garrafa é tão elegante quanto virar uma garrafa de vinho em direção ao seu rosto (certo, certo, confesso que também já fiz isso). Não beba — sirva!

Acredita que está lendo sobre como servir cerveja? Não ria — você vai descobrir algo novo nas próximas seções, prometo. A vida é cheia de surpresas.

Conhecendo a temperatura adequada de servir a cerveja antes de despejá-la

Um dos pontos mais agradáveis da apreciação de cerveja, que é frequentemente negligenciado, é a temperatura adequada para servi-la. Servir as cervejas em suas temperaturas apropriadas pode exigir um pequeno esforço ou planejamento extra, mas as recompensas são significativas. Beber cerveja na temperatura certa lhe permite realmente *saboreá-la*.

LEMBRE-SE

As cervejas de qualidade não devem ser servidas mais geladas que 7 graus Celsius. Aqui você encontra algumas diretrizes gerais de temperatura para diferentes cervejas:

» Sirva a maioria das lagers premium entre 6 e 9 graus Celsius, e ales de qualidade entre 7 e 11 graus Celsius.

» Sirva autênticas Stouts tão quentes quanto 13 graus Celsius, que é a *temperatura de adega britânica*.

» Sirva algumas alcoólicas Barleywines, Old Ales e Stouts envelhecidas em barris de altas gravidades apenas suavemente geladas ou à temperatura ambiente, como um snifter de conhaque.

CUIDADO

No Brasil, muitas cervejas são servidas muito geladas para uma séria apreciação. De fato, temperaturas estupidamente geladas arruínam o sabor da boa cerveja. Uma geladeira média é acertada para manter comidas e bebidas geladas a aproximadamente 4 graus Celsius (38 a 40 graus Fahrenheit), mas servir cervejas a essas temperaturas tem vários pontos negativos, incluindo os seguintes:

» Quanto mais gelada a cerveja, menos carbonatação é liberada; quanto menos carbonatação é liberada, menos aroma a cerveja libera.

» O paladar é anestesiado ao ponto que não pode discernir muitas das nuances do sabor da cerveja. (Então isso explica por que algumas cervejas são melhor servidas perto da marca de congelamento!) Por que se importar de beber uma cerveja se você não pode sentir o sabor? Pode também beber uma raspadinha.

Baixas temperaturas = menos carbonatação liberada = menos aroma = menos sabor = por que se importar? Guarde as temperaturas realmente geladas para *cervejas baratas* — o tipo que você dá goladas depois de cortar a grama. (Sabor? Quem liga?)

Inclinar ou não inclinar, eis a questão

LEMBRE-SE

Antes de servir a cerveja, certifique-se de que você tem um copo que comporte o conteúdo de toda a lata ou garrafa, além do espaço para o colarinho. Isso torna tudo mais fácil. Como melhor servir a cerveja depende do seu tipo. Para a maioria das cervejas artesanais, a melhor maneira de servir é direto no meio do copo — mais uma vez, um copo grande o suficiente para conter toda a garrafa de cerveja — e incliná-lo ou despejar mais lentamente apenas quando um grande colarinho tiver se formado. Vá em frente — seja agressivo! Assertiva! Macho! Fêmea!

Por que despejar tão vigorosamente? Para liberar o dióxido de carbono. Você deve fazer isso pelas seguintes razões:

- » A não ser que seja liberado ao servir, o gás fica preso na garrafa ou lata e vai direto para o seu estômago, onde ele luta para se liberar em uma explosão que não é bem-vinda. Urgh e burp.
- » A cerveja não despejada tem uma desagradável e inapetente reação gasosa no paladar.
- » Liberar o gás ao servir a cerveja em um copo forma o colarinho e deixa o aroma se desprender da cerveja. (Cheire assim que despejar a cerveja, pois os aromas se dissipam rapidamente.)

LEMBRE-SE

Alguns tipos de cerveja requerem técnicas especiais. Essas técnicas não são uma ciência complexa, mas são dignas de atenção.

- » **Cervejas de trigo e cervejas de garrafas arrolhadas:** Seja um pouco menos agressivo quando despejar esses tipos de cervejas, porque elas tendem a formar um colarinho maior que o normal. Um colarinho adequado deve ter ao menos 2 centímetros e meio de espessura, ou dois dedos de profundidade. (Esses mesmos dois dedos também são úteis para medir shots de tequila, mas essa é uma outra história, para um outro momento.)
- » **Cervejas acondicionadas em garrafas:** Você pode precisar servir essas cervejas de modo a deixar o último centímetro ou mais de sedimentos na garrafa. Não há nada de errado em beber os sedimentos de levedura formados, exceto que isso pode causar um excesso de flatulência — as leveduras vivas continuam o processo de fermentação no seu trato digestivo! No mais, nem todo mundo aprecia esse gosto de levedura concentrada, embora alguns aficionados em cerveja jurem solenemente gostar disso. Mas, então, algumas pessoas gostam de anchovas, também.

> **Pale Lagers Americanas:** Cervejas como Budweiser e Miller são melhor servidas devagar pela parede de um copo inclinado, ou então elas vão apresentar um copo cheio de colarinho. Pelo fato de essas cervejas possuírem pouca proteína, esse grande colarinho se dissipa rapidamente. A criação de um grande colarinho de espuma retarda desnecessariamente o processo de servir (e corre o risco de fazer uma bagunça na mesa).

Asseio Conta: Limpando e Guardando os Copos

Depois de ter feito sua escolha de copos (descrevo os diferentes tipos anteriormente neste capítulo), comprometa-se a mantê-los limpos e a guardá-los apropriadamente. Não importa qual cerveja é servida em qual copo, uma coisa é certa: manter seu copo de cerveja completamente livre de poeira, de marcas de dedo, batom e resíduo de sabão é absolutamente crucial. Esses tipos de sujeira podem ter um efeito prejudicial na sua apreciação da cerveja, para não mencionar que seus copos ficam com aspecto de sujos.

Entendendo a "cerveja limpa"

Um certo nível de limpeza dos copos é conhecido como *cervejeiramente limpo*. Isso não é dito apenas da boca para fora — é uma realidade. Copos de cerveja precisam estar impecavelmente limpos para apresentar a cerveja sob sua melhor luz. A cerveja revela qualquer imperfeição nas práticas de limpeza e lavagem.

Nas próximas seções, explico como verificar se seus copos estão cervejeiramente limpos. Se não estão, não se preocupe. Também explico como deixá-los impecáveis.

Verificando o cervejeiramente limpo

Ainda que um copo pareça estar limpo, pode não estar cervejeiramente limpo. O enxágue com água escoa pelo copo que está cervejeiramente limpo; em um copo sujo, a água se fragmenta, deixa vestígios e marcas. Bolhas que aparecem no fundo ou lados do copo abaixo do colarinho indicam gordura — como resíduo de sabão, comida ou oleosidade de maquiagem — ou poeira. Esses contaminantes podem levar a cerveja a ficar sem gás rápido, porque a presença de gordura (emulsificantes) quebra a superfície do colarinho de espuma e o destrói. Rachaduras, lascas e arranhões também atraem bolhas.

PAPO DE ESPECIALISTA

Rachaduras, lascas e arranhões no copo de cerveja são chamados de *locais de nucleação*, onde as bolhas de CO_2 se formam. Alguns cervejeiros projetaram o logotipo do copo com locais de nucleação propositalmente gravados no fundo para manter uma corrente uniforme de bolhas levantando-se no copo.

DICA

A maneira mais confiável de verificar se um copo está cervejeiramente limpo é despejando uma cerveja feita artesanalmente no copo, permitindo um bom colarinho se formar. Após a cerveja se firmar por alguns minutos, o colarinho deve permanecer firme e compacto. Se o copo não foi corretamente limpo, a espuma se quebra, deixando grandes bolhas. Ou então você pode estar apenas servindo uma cerveja ruim.

DICA

Outro jeito de testar copos cervejeiramente limpos é enxaguá-los rapidamente em água quente. Imediatamente depois, salpique suavemente um pouco de sal de mesa no copo; se o copo estiver limpo, o sal vai grudar, se não estiver, o sal vai apenas saltar para fora. (Hum, também é melhor fazer isso em cima da pia.)

Deixando seus copos cervejeiramente limpos

Dependendo do seu nível de seriedade — e eu certamente espero que você não esteja levando isso *tão* a sério —, você tem várias maneiras para limpar apropriadamente seu copo de cerveja, incluindo as seguintes:

> » **Enxague os copos completamente logo após usá-los.** Essa prática é um pouco compulsiva, talvez, mas bastante efetiva para não guardar seu copo sujo. Para algumas pessoas, uma enxaguada com água quente é o mais longe que querem ir, parte por causa da crença de que você não deve limpar copos de cerveja com água e sabão. Esse argumento tem dois lados:
>
> - Um campo diz que detergentes de lavar louça de casa são perfumados e pode ser difícil removê-los no enxágue.
>
> - O outro campo (Campo Marty) diz que se você usar pequenas quantidades de líquidos de lavar louça *não perfumados* e imediatamente depois enxaguá-los com água quente, nenhum dano é causado.
>
> » **Encha uma pia com água quente e adicione duas colheres de sopa bem cheias de bicarbonato de sódio.** Use uma escova de cerda de náilon para esfregar os mais fundos recessos do copo. Preste atenção em particular às bordas, certificando-se de que removeu qualquer batom ou protetor labial. Siga com uma boa enxaguada com água quente e deixe secar apenas em um escorredor de água ou em uma máquina de lavar louças vazia (a máquina sozinha não pode fazer um trabalho melhor).

Se quiser limpar um copo yard, use apenas uma longa escova, que geralmente é vendida junto com o copo (veja a seção anterior para saber detalhes sobre esse copo).

CUIDADO Nunca seque copos de cerveja com toalhas. A toalha pode deixar marcas de sabão, óleo do corpo e especialmente fibras nos copos.

Colocando tudo a perder

Guardar seus copos é apenas levemente menos importante do que limpá-los. Um local de armazenamento precário pode fazer seus esforços de limpeza inúteis. Certifique-se de guardar seus copos secos ao ar livre longe de odores desagradáveis, gorduras e fumaças que cozinhas, lavatórios e cinzeiros emitem. Se possível, guarde os copos de cabeça para baixo em uma cristaleira, aparador ou armário fechado que esteja relativamente livre de poeira. É claro, se você é realmente um nerd da cerveja, vai mantê-los no seu cofre.

CUIDADO Não guarde os copos na geladeira ou refrigerador. Os copos podem pegar odores de comida, e copos gelados são desconfortáveis de segurar (também deixam um desagradável anel de água toda vez que você descansa o copo). Alguns bares mal orientados servem cerveja em copos gelados, mas esses copos são terríveis de usar. O primeiro efeito que os copos gelados provocam na cerveja é a aguar. Se isso é o que você procura, apenas opte por uma cerveja leve. Ou vá em frente e coloque seus dedos diretamente no refrigerador para replicar a sensação de segurar uma dessas aberrações. Eca!

NESTE CAPÍTULO

» Usando seus sentidos para avaliar a cerveja

» Registrando suas observações sobre a cerveja

Capítulo 12
Tornando Suas Papilas Mais Sábias

Você já experimentou uma cerveja antes. O quão complicado pode ser uma degustação formal? Você abre a cerveja, despeja-a em um copo (ou não), leva-a aos seus lábios, bebe, engole, e é isso, certo?

Não tão rápido assim, seu bafo de cevada! O que você viu? O que cheirou? Que gosto sentiu? Você ainda pode sentir o gosto? Foi bom, ruim ou nenhum dos dois? Foi o que você esperava ou o que foi anunciado na propaganda? Você recomendaria para seus amigos ou compraria novamente? A avaliação de cervejas pode ir muito além de simplesmente dizer: "O gosto é muito bom — não me enche!"

Você deveria prestar atenção, por vários motivos, na maneira como saboreia cerveja. Aqui estão alguns:

> » Conhecimento e familiaridade aumentam o prazer do ato de beber.
>
> » Você ganha uma melhor compreensão de suas preferências pessoais sobre sabores e estilos diferentes de cerveja.
>
> » Você pode estar interessado na fabricação caseira e em seu foco em estilos de cerveja. (Vá até o Capítulo 18 para uma introdução à fabricação caseira de cerveja.)
>
> » Alguém por quem você é louco é ainda mais louco por cerveja do que você, e conhecimento é poder.

Lembre-se de que você está a caminho de se tornar quase um conhecedor de cervejas. Seu antigo estilo de degustação de cerveja era, sem dúvida, abrir, mandar a bebida goela abaixo, arrotar (bem, alguns de vocês) e talvez jogar a lata de cerveja por sobre seu ombro esquerdo (nessa ordem). Seu novo e iluminado método, entretanto, envolve uma sequência um pouco diferente de avaliação da cerveja. Não se preocupe — os passos são completamente naturais e muito fáceis. Se você consegue abrir uma garrafa de cerveja, pode avaliar uma.

Se você só experimentou Pale Lagers de grandes cervejarias norte-americanas, suas ferramentas de avaliação cervejeira têm estado adormecidas. Mas agora que você está dando à cerveja todo o respeito que ela merece e experimentando uma gama ampla de estilos, você deve envolver todos os sentidos possíveis. Como? Pegue uma cerveja, sente-se e continue lendo.

Neste capítulo, você descobre como avaliar uma cerveja não só através do gosto, mas também do cheiro, aparência e tato. Eu também lhe mostro como manter registros de suas avaliações e classificar as cervejas para que você se lembre do que gostou (e não gostou) nas cervejas que tem encontrado.

LEMBRE-SE

Se você não quiser formalizar sua degustação, tudo bem também. A cerveja é feita para ser simplesmente apreciada! Essa é a regra número um, não se esqueça dela.

Avaliando uma Cerveja em Dois Tempos (Na Verdade, Cinco)

Beber cerveja é uma experiência sensual. Ok, tudo bem, talvez não seja tão emocionante quanto ir a um encontro romântico, mas com certeza é mais divertido do que fazer o imposto de renda. O ato de consumir uma cerveja (ou qualquer outra comida, diga-se de passagem) deveria ser uma experiência sensorial completa; quanto mais sentidos envolvidos, mais você se lembrará da experiência — positiva ou não.

Quando você está fazendo churrasco, não vê apenas a carne cozinhando na grelha; escuta o barulho suculento da carne cozinhando ao mesmo tempo em que sente o cheiro tentador pelo ar. Ao experimentar a carne, você não sente somente o sabor mas também pode descrevê-la de maneira tátil — por exemplo, você pode dizer que ela está suculenta e macia, ou, se estiver comendo na minha casa, provavelmente estará dura e seca como uma sola de sapato.

Transfira essas ideias para a degustação de cervejas. Ao despejar a cerveja em um copo (limpo), *escute* o plop-plop do líquido e o barulho efervescente da carbonatação liberada. Mas, espere — não beba ainda! *Veja* as pequenas bolhas subindo rapidamente para o topo e se perdendo em uma densa camada de espuma. *Veja* o colarinho subir e inflar sobre a boca do copo. *Inspire* todo o buquê de aromas emanando da cerveja. *Saboreie* os muitos sabores dos grãos, lúpulos e outros ingredientes. *Sinta* a viscosidade da cerveja e a explosão

CAPÍTULO 12 **Tornando Suas Papilas Mais Sábias** 137

efervescente da carbonatação em sua língua e céu da boca. *Aprecie* os sabores remanescentes do retrogosto.

DICA

Você não quer nenhuma distração quando está seriamente degustando uma cerveja. Use um copo grande o suficiente para uma garrafa inteira e siga as orientações do Capítulo 11. E nada de copos congelados, por favor! Nuances sutis de sabores são difíceis de discernir se a cerveja estiver muito gelada.

LEMBRE-SE

A degustação de cerveja tem uma ordem específica. Sugiro seguir as seguintes etapas na ordem mostrada. Note que as Etapas 1 e 2 acontecem separadamente, assim como a Etapa 5, mas as Etapas 3 e 4 realmente acontecem juntas. Alguns dos aspectos mais importantes da degustação acontecem antes mesmo de se beber!

1. **Cheire: Cheque o aroma e buquê.**
2. **Olhe: Cheque a aparência.**
3. **Saboreie: Cheque o sabor.**
4. **Tato: Cheque o corpo e a sensação de boca.**
5. **Reflita: Faça o julgamento final.**

É claro, você pode simplesmente pular todas essas etapas e beber logo de uma vez, anotando apenas se você gosta da cerveja. Mas se algum dia quiser contar para alguém sobre uma cerveja de que gosta, achará essa discussão útil. Como diz mamãe, é sempre bom conversar.

DICA

Apesar de os olhos, nariz e boca serem seus mais importantes aliados, as orelhas também podem lhe dar informações importantes. *Escutar* a cerveja é basicamente limitado à sua carbonatação (fizzzzt) ao abrir a garrafa ou ao som de vidro quebrando quando você derruba uma. Se a cerveja não faz aquele barulhinho efervescente ao abri-la, prepare-se para uma cerveja sem gás. Se não efervesce ao deixá-la cair, não há nenhuma grande perda (apesar da bagunça para limpar e ter que pegar outra cerveja).

Seguindo as etapas dos cinco sentidos, você pode facilmente ver que a cerveja se avalia em cinco áreas correspondentes. Cada estilo de cerveja (veja o Capítulo 4 para a lista de estilos de cerveja) deve ter certas características em cada área, e essas características são o que os juízes de cerveja procuram nos concursos de cerveja; por outro lado, como consumidor, você precisa apenas observar as características para comparações, exceto, claro, por afeição e rejeição.

Aroma: O Nariz Sabe

Os aromas da cerveja são ligeiros, portanto, comece com uma fungada antes mesmo de olhar. Ainda, o sabor é parcialmente baseado no aroma — entre ¼ a 1/3 de sua habilidade de sentir gosto está diretamente relacionada ao olfato; portanto, não pule essa etapa.

Assim como os críticos de vinhos e uísque, os avaliadores de cerveja usam o termo *nariz* de duas maneiras: para descrever o aroma e buquê (se o *aroma* fosse um som, o buquê seria o volume) assim como a ação. Você poderia dizer: "Ao cheirar sua Porter, ele comentou sobre o nariz robusto de alcaçuz." Você também pode dizer: "Ao meter o nariz no bar, ele comentou sobre sua robusta clientela", mas isso nada tem a ver com essa discussão.

Os aromas mais proeminentes associados com o nariz da cerveja geralmente vêm primeiramente do malte e, em seguida, do lúpulo:

> » **Malte:** Aromas maltados podem ir desde um perfume adocicado até um aroma rico e caramelado, e são relativamente óbvios. Dependendo do quão escura for a cerveja, aromas tostados, torrados ou achocolatados podem vir dos grãos especiais adicionados à cerveja.
>
> » **Lúpulos:** Esse aroma depende da variedade e quantidade de lúpulos adicionada à fervura durante a brassagem e se lúpulos aromáticos foram adicionados à cerveja durante os estágios de fermentação ou maturação (veja a discussão sobre o processo de *dry hopping* no Capítulo 3). Os aromas do lúpulo podem ser descritos como *herbáceo, perfumado, picante, gramíneo, terroso, floral, de pinho, cítrico* e, ocasionalmente, de *queijo*.

Outros aromas, como os ésteres frutados e aromas de álcool, são criados durante a fermentação, e são chamados de *características de fermentação*. Algumas ales possuem um cheiro amanteigado ou de calda *butterscotch*[1] (diacetil), que é resultado de fermentações mornas e certas variedades de levedura. Se você sente cheiro ou gosto de milho cozido na sua lager, pode ser algo chamado DMS (dimetil sulfeto). Cheiros de plástico, legumes cozidos, ovos podres e de cachorro molhado são sinais comuns de — adivinhe — cerveja malfeita ou mal armazenada.

Olhar: Você Não Pode Julgar uma Bock pelo Seu Rótulo

O que você deve buscar em uma cerveja? Seus olhos podem discernir cores, transparência e retenção do colarinho (assim como o preço, é claro, e talvez até o sentido da vida). Descrevo tudo isso

---

[1] N.E.: Calda à base de manteiga derretida e açúcar mascavo.

nas próximas seções — apesar de que o sentido da vida é algo que você terá que descobrir sozinho, quem sabe bebericando sua cerveja favorita.

Todas as cores do arco-íris cervejeiro

LEMBRE-SE

As cores que compõem os variados estilos de cerveja percorrem o espectro de tons terrosos desde o palha-claro até o dourado, âmbar, cobre, laranja, marrom-avermelhado, marrom, preto e todas as suas variações. Uma cor não é necessariamente melhor do que as outras, e nenhuma indica diretamente qual será o sabor — a cor é ditada pelo estilo (veja a Figura 12-1). De maneira geral, as cervejas Berliner Weisse são as mais pálidas e as Stouts, as mais escuras. Entretanto, recomendo se distanciar de qualquer cerveja azul! Ok, cerveja verde é aceitável, mas só no Dia de São Patrício. Bebidas maltadas incolores nem contam — bebida maltada incolor não é cerveja — e você fica 5 minutos de castigo se for pego bebendo uma.

Em um dia claro

LEMBRE-SE

Muitos amantes de cerveja são obcecados com a translucidez da cerveja. Se a cerveja não está translúcida como um cristal, eles não a bebem. Tudo bem, mas a cerveja só é transparente como consequência das modernas técnicas de filtração. Nem todas as cervejas são preparadas para ser translúcidas. A maioria das cervejas, por toda a história, variava entre turvas e embaçadas devido aos ingredientes orgânicos usados no processo de fabricação delas, em sua maior parte, a levedura. Essas partículas que turvavam a cerveja eram também responsáveis por fazer dela a bebida nutritiva que era. Hoje, uma aparência turva é apropriada para pelo menos meia dúzia de estilos de cerveja, como a Witbier, Hefeweizen e qualquer outro estilo de cerveja não filtrada.

Mão no colarinho

LEMBRE-SE

A retenção do colarinho pode contar uma breve história sobre a cerveja em suas mãos.

> » Quando a cerveja é despejada, um colarinho de espuma deve se formar e persistir (alguns estilos mais que outros, é claro); a última característica é tão importante quanto a primeira.
>
> » As bolhas devem ser pequenas e formar rapidamente um colarinho bem unido.
>
> » O colarinho da cerveja também pode ter uma aparência maciça se existirem proteínas (dos grãos) suficientes.

Se uma cerveja não forma colarinho, ou não está apropriadamente carbonatada ou o recipiente no qual foi despejada está sujo.

DICA

Se as bolhas da cerveja se formam e grudam nos lados do copo, mas não chegam ao topo, o seu copo está provavelmente empoeirado ou sujo; talvez você deva checar a seção no Capítulo 11 sobre limpeza de copos de cerveja.

Se o colarinho se forma, mas se dissipa em grandes bolhas parecidas com sabão, as chances são de que a cerveja tenha sido injetada com um estabilizador de espuma (alguns estabilizadores de espuma são feitos de um derivado de algas marinhas). A maioria das grandes cervejarias usa o estabilizador de espuma — um mal necessário, graças ao processo de clarificação. Os microfiltros também removem todas as proteínas que formam o colarinho. As mais finas cervejas puro malte possuem pequenas bolhas e colarinhos densos e cremosos.

Finalmente, pelo menos alguma parte do colarinho deve permanecer acima da cerveja até o copo esvaziar. No caminho, alguns resíduos do colarinho devem deixar o que é comumente chamado de renda belga (belgian lace) nos lados do copo.

Saboreie: Malte e Lúpulos, os Elementos Principais

Após as primeiras duas etapas no processo de degustação da cerveja (cheirar e olhar, que foi discutido anteriormente neste capítulo), você pode finalmente chegar ao que interessa na cerveja. Independentemente de como uma cerveja cheira ou aparenta, se ela não é gostosa, não cumpriu sua promessa.

LEMBRE-SE

Para o verdadeiro louco por cerveja, a intensidade total de sabor pode ser pensada como uma pirâmide do gosto, com pequenas, porém notáveis, flutuações em cada patamar. Termos relacionados percorrem a seguinte ordem:

Ausente — fraco — brando — leve — moderado — definido — forte — intenso

DICA

Use toda a superfície sensorial da sua língua (frente, trás e lados) ao avaliar uma cerveja. Tente distinguir entre a primeira sensação de sabor experimentada na ponta da língua (antegosto ou sabor preliminar) e o principal (*mid-taste* ou *true taste*) ou sabor verdadeiro, no qual a cerveja demonstra completamente os seus atrativos. Bocheche levemente a cerveja. O sabor preliminar e o principal devem se misturar harmoniosamente e fazer você querer mais. A boa cerveja é complexa: às vezes é possível encontrar uma vasta gama de sabores em uma única golada.

Assim como o aroma, o sabor vem do malte, dos lúpulos e da fermentação, todos bem balanceados quando a cerveja é boa. Uma sensação gustativa relacionada, porém mais concentrada, é o *retrogosto*, em que o álcool impõe sua capacidade de esquentar a garganta nas cervejas mais fortes e de alta octanagem, bem parecido com o que acontece com o brandy. As seções seguintes darão mais informações sobre esses quatro componentes do sabor.

CAPÍTULO 12 **Tornando Suas Papilas Mais Sábias**

O maravilhoso sabor do malte

O sabor preliminar que você encontra é a *doçura* do malte. Na maioria das cervejas industriais, a doçura é delicada e perfumada, e apenas vagamente tem o gosto real do malte, devido ao efeito atenuante dos grãos adjuntos utilizados, geralmente milho ou arroz (veja o Capítulo 2). Quanto menos adjuntos forem usados, mais o sabor rico e caramelizado de malte da cevada se sobressai. As cervejas *puro malte* (aquelas feitas sem adjuntos) são apropriadamente referidas como sendo de caráter *maltado*.

Quanto mais grãos especiais são usados, torrados (assados no forno) em particular, mais camadas ou complexidade terá o sabor da cerveja. Esses grãos especiais raramente adicionam doçura — apenas o sabor do grão em particular. Os maltes assados no forno criam um mosaico de sabores passando pelo tostado, torrado, amendoado, caramelo e café que se misturam na cerveja. Muitos desses sabores são registrados no meio e no final da língua. Alguns dos maltes mais intensamente torrados adicionam um gosto seco e *adstringente*, que é percebido pela língua como sendo amargo, muito parecido com um café ou chá fortes. O mau uso do grão pelo cervejeiro também pode levar a um sabor adstringente ou granulado na cerveja. Certas cervejas exibem uma leve acidez que pode ser detectada no sabor principal.

Normalmente, sabores azedos são considerados um defeito na cerveja, mas para muitas bem conhecidas cervejas belgas, o sabor azedo é, na verdade, um pré-requisito, assim como também é para algumas ales peculiares (veja o Capítulo 6 para saber mais sobre cervejas azedas). As lagers definitivamente não devem ser azedas.

O divino sabor do lúpulo

O principal propósito dos lúpulos é equilibrar a doçura do malte com um agradável e refrescante amargor. Os sabores dos lúpulos são descritos basicamente com os mesmos termos usados para o aroma, mas o amargor dos lúpulos utilizam novos termos.

- » **Sabor do lúpulo**: Perceptível, geralmente o gosto é bem parecido com o aroma: grama, pinho, floral, cítrico, herbáceo, picante, terroso, e assim por diante; normalmente sentido no *mid-taste*. Expressado como *brando, normal, definido, pronunciado* ou *agressivo*. Os últimos termos descrevem uma cerveja "lupulada".

- » **Amargor do lúpulo**: Bem unidimensional, sentido no final da língua, como um retrogosto. Expresso como *delicado, fino, áspero* ou *grudento*.

Fermentação fabulosa

LEMBRE-SE

O processo de fermentação é responsável por alguns dos sabores mais atraentes da cerveja, como frutas, manteiga, calda *butterscotch* (diacetil) e álcool. As ales têm um gosto mais frutado e amanteigado devido às temperaturas mornas de fermentação; as lagers não devem ter nenhum desses sabores. O gosto do álcool deve ser evidente somente nas cervejas mais fortes — geralmente aquelas com mais de 9% de álcool por volume.

CUIDADO

No aspecto negativo, a fermentação pode estimular uma longa lista de sabores desagradáveis: o gosto emborrachado de levedura autolisada (deteriorada), aldeídos ácidos, fenólicos medicinais, metálicos enferrujados, gases fecais e dezenas de outros sabores igualmente desagradáveis em que fabricantes e consumidores precisam estar de olho. Eca!

Outros sabores que você deve encontrar são odores de levedura ou de pão em cervejas acondicionadas em garrafas (veja o Capítulo 3) e os sabores alcoólicos e de vinho das cervejas mais fortes.

Após se familiarizar com os vários sabores, tente medir suas intensidades. A maioria dos estilos de cerveja compartilha sabores em comum, porém, a intensidade de cada um deles é diferente para cada estilo de cerveja (veja o Capítulo 4).

Retrogosto: Deixe prolongar

O retrogosto da cerveja, também chamado de *final de boca*, é um dos mais prazerosos e essenciais aspectos da experiência completa de se beber cerveja, aquele que afeta a decisão de tomar outro gole. No entanto, muitas megacervejarias corporativas, com sua advocacia e marketing de cervejas com pouco ou nenhum retrogosto (como as cervejas *leves*, *secas* e *ice*), tornaram o retrogosto uma característica *non grata*. Eles fariam com que você acreditasse que a cerveja não deve ter um retrogosto e que aquelas que o têm são ruins.

Por que o retrogosto é tão desejável? Imagine-se jantando uma suculenta lagosta em molho de manteiga, apenas para sentir o sabor sumir da sua boca no momento em que você a engolir. Aquela *memória* prolongada do sabor é o que significa o retrogosto. Não deixe que campanhas publicitárias que condenam cervejas amargas o previna de esperar e apreciar o retrogosto das cervejas de qualidade.

Muitas facetas de uma cerveja se tornam mais evidentes no retrogosto em um tipo de convergência harmônica (é claro, os defeitos da cerveja, se existirem, também são ampliados aqui). Certos estilos de cerveja são desenvolvidos para acentuar o malte em detrimento do lúpulo e vice-versa, mas não se deve permitir que nenhum ingrediente domine completamente outro. Não tem espaço para coerção aqui.

Tato: Textura e Consistência

Os aspectos táteis da avaliação de cerveja são a *sensação de boca* e o *corpo*. Você pode literalmente sentir a cerveja na sua boca e a descrever em termos físicos familiares (como *encorpada* ou *sem corpo*). Descrevo mais esses aspectos na seguinte lista:

» **Sensação de boca**: Esse aspecto é a experiência sensorial de toda a boca e garganta. Você não prova o gosto do frio; você o sente. Cervejas finamente carbonatadas (com suas pequenas bolhas) tendem a ter uma sensação de boca cremosa. Portanto, uma cerveja lager continental pode ser efervescente, enquanto uma Stout é macia e pegajosa, mas nenhuma dessas descrições tem nada a ver com o gosto da cerveja. A sensação de boca é a sensação da cerveja (para você — isso aqui não trata da autoestima da cerveja).

» **Corpo**: Nas competições de cerveja, juízes usam o termo *corpo* para se referirem ao peso ou espessura de uma cerveja. Uma cerveja light é descrita como de *corpo leve*, uma India Pale Ale é considerada de *corpo médio*, e uma Doppelbock é *encorpada*. Níveis altos de carbonatação ajudam a limpar o palato e criam a impressão de uma cerveja menos encorpada.

DICA

Descrições coloridas, do tipo fraquinha, voluptuosa, maciça, robusta, pegajosa, são eficazes na hora de passar sua mensagem. Obviamente, assim como pessoas, um tipo de corpo não é necessariamente melhor do que outro — pessoas magras, pesadas e todo mundo entre esses dois extremos é que tornam o mundo um lugar interessante.

Ganhe amigos e influencie pessoas usando outros termos de sensação de boca utilizado por profissionais, como adstringente, seca, choca, encorpada, gasosa, leve, intensa, suave, sem corpo, pesada, vinosa, viscosa e aguada. Ufa!

Reflita: A Cerveja Como um Todo É Melhor do que a Soma de Suas Partes?

Sem querer parecer filosófico demais para você, mas não disseram que uma vida sem reflexão não é uma vida que vale a pena ser vivida? Bom, o mesmo vale para a cerveja. Refletir não significa tentar ver sua imagem em um copo de cerveja (apesar de que alguns de nós já se divertiram com isso); é sobre sua percepção geral da cerveja. A diferença aqui é que todas as avaliações prévias — cheiro, aparência, gosto, tato — são, ou deveriam ser, feitas da maneira mais objetiva possível. Reflexão é o momento de levar em consideração todas aquelas observações *objetivas* e então formar uma opinião *subjetiva* sobre a cerveja.

Reflexão também é o momento de avaliar harmonia e equilíbrio dos vários componentes do sabor da cerveja para chegar a alguma conclusão, tipo: "Ei, vou tomar outra daquela!" Resultado — você gostaria de mais uma?

DICA

Devido à ampla disponibilidade e preços razoáveis das cervejas, você pode querer manter um registro das cervejas que experimenta e suas reações em relação a elas. Seguindo os pontos explicados mais cedo neste capítulo, você pode escrever um perfil completo de uma cerveja em apenas algumas frases (veja a seção mais adiante "Teste Sua Língua: Registre Suas Avaliações de Cerveja" para detalhes sobre como começar). Você pode usar o formulário preparado pela Associação Americana de Produtores Caseiros, ou pode facilmente organizar suas notas em papel branco.

LEMBRE-SE

Apesar de todos os detalhes serem interessantes, a questão essencial é a que conta: a cerveja é boa ou não?

Teste Sua Língua: Registre Suas Avaliações de Cerveja

Você não precisa ser especialista em cerveja para fazer as próprias avaliações em casa. Desde que você tenha um bom acesso a uma variedade de estilos de cerveja e marcas, pode começar seu julgamento amador de cervejas no conforto da sua residência.

Comecei a avaliar cervejas na minha casa mais de 27 anos atrás. Cada fim de semana, fazia questão de comprar 6 cervejas que eu nunca havia experimentado. Eu me sentava com um caderno, uma caneta e um copo limpo para cerveja e devidamente descrevia cada cerveja enquanto as saboreava com o melhor de minhas habilidades. Eu ainda tenho minhas anotações e ocasionalmente as leio para dar umas risadas.

Nas seções seguintes, eu lhe apresento dois métodos para registrar suas avaliações: visitar fóruns online e manter um diário pessoal.

LEMBRE-SE

Você não precisa saber o jargão específico das cervejas para ser um bom avaliador; simplesmente registre suas observações em uma linguagem honesta, direta e coloquial. O que importa é que você analise cada cerveja usando seus sentidos como descrito anteriormente neste capítulo. Também é importante que você deixe de lado suas tendências pessoais e aborde a tarefa objetivamente. Você pode não gostar de tudo o que cheirou ou provou, mas aprenderá a identificar aqueles aromas e sabores de que gosta ou desgosta. Um pouco de humildade e respeito ao cervejeiro é bom também. Só porque você não gosta de um sabor ou estilo específico de cerveja não significa que o cervejeiro falhou em produzir uma boa cerveja. Apenas significa que você ainda não adquiriu a apreciação para aquele tipo de sabor ou estilo ainda.

LEMBRE-SE

Seja seu objetivo virar um juiz de cervejas, escritor ou blogueiro de cerveja, sem as credenciais estabelecidas de um avaliador de cerveja, conquistar credibilidade é difícil. O meu conselho é aprender o máximo possível e o mais rápido que puder — e nunca parar de aprender. Leia sobre cerveja, prove cervejas, visite cervejarias, discuta cerveja com outros conhecedores. Para uma educação de verdade nesse campo de estudo, comece a produção caseira (veja o Capítulo 18 para mais detalhes). Você não precisa ser um ótimo cervejeiro para aprender muito sobre a arte e a ciência da fabricação de cerveja. A beleza de tudo isso é que não importa qual caminho escolher, você irá se divertir!

CAPÍTULO 12 **Tornando Suas Papilas Mais Sábias** 149

Mantendo um diário pessoal

Se você prefere não postar suas avaliações e opiniões em um fórum online (veja a seção anterior), manter um diário pessoal de cerveja em casa pode ser ainda mais fácil. Tudo o que realmente precisa é de um fichário ou caderno. Se você fizer uma longa viagem para lugares distantes (como os da Parte 4), você talvez queira que o seu caderno seja portátil o suficiente para registrar as cervejas excelentes que vai beber em terras exóticas. Uma câmera ou maneiras similares de capturar registros visuais de suas degustações adicionam valor e utilidade a seu diário.

Se gosta de escrever e não se importa com exposição pública, outra maneira de registrar suas avaliações e experiências é através de um blog pessoal (você pode fazer um em sites populares como `www.blogger.com` e `www.wordpress.com`, só pra mencionar dois). É incrível quantos blogs de cerveja existem na internet — e isso pode ser um problema em si. Infelizmente, parece que todo mundo com um computador e acesso à internet está escrevendo blogs sobre cerveja hoje em dia, portanto é difícil ser ouvido no meio do ruído da galera.

> **NESTE CAPÍTULO**
> » Combinando pratos com o estilo certo de cerveja
> » Escolhendo o momento certo para sua bebida baseando-se nas estações do ano e nos horários das refeições

Capítulo 13
Jantando com Cerveja

Certas cervejas se encaixam com certos pratos igual à mão em uma luva — eles são feitos para se complementarem. Diferentemente das mãos, as cervejas são feitas para serem consumidas. Este capítulo é todo sobre como embarcar em uma viagem gastronômica cujo objetivo principal é a combinação de cervejas e pratos, portanto, vamos embarcar logo nesta viagem.

Que Casal! Combinando Cerveja e Comida

Um mundo de possibilidades existe além da simples batatinha com cerveja, até mais do que pipoca ou nachos e cerveja, e mais ainda do que churrasco e cerveja, ainda mais do que... você entendeu. São muitas possibilidades.

Pouco sofisticada é uma das locuções adjetivas mais educadas que os elitistas usam para descrever a cerveja. Infelizmente, algumas pessoas veem o bebedor de cerveja comum como pouco sofisticado, também, o que ajuda a explicar a prolongada ausência da cerveja nos típicos jantares finos.

Até recentemente, os restaurantes que estocavam cerveja o faziam com uma atitude de correr atrás da demanda; pela atenção dada à cerveja, ela podia muito bem ser servida em jarras de água. Parecia muito injusto — enquanto a clientela grã-fina fala sobre seus brochetes de cordeiro com cogumelos *chanterelles* combinando maravilhosamente com um Chateau Feux-Feux vintage, se esperava que os amantes de cerveja empurrassem goela abaixo pratos simples com canecas cheias de cerveja light homogênea e gelada. Apesar de os vinhos vintage e destilados envelhecidos poderem se gabar de uma longa parceria com a alta culinária, a cerveja — até recentemente em alguns lugares — era muitas vezes rebaixada ao churrasquinho no quintal.

Bom, isso está errado. A cerveja é somente para matar a sede da mesma maneira que computadores são somente para cálculos e esportes são apenas para meninos. Vamos lá, galera! Cerveja é para as refeições também.

Apesar de os *restauranteurs*, *gourmands* e artistas culinários terem demorado uma vida para pegar o conceito de cerveja combinando com comida, agora que finalmente o pegaram, ela virou uma figurinha famosa. E por que não — a cerveja é considerada a bebida mais popular do mundo, as cervejas artesanais cada vez mais têm aumentado sua popularidade. Após muitos anos, posso dizer que as perspectivas para os amantes da cerveja são boas. Graças ao entusiasmo dos cervejeiros, *restauranteurs* e consumidores de saborosas cervejas artesanais, a cerveja reconquistou seu lugar de direito nas nossas mesas de jantar.

Nas próximas seções, dou umas dicas sobre como substituir o vinho pela cerveja, combinar a cerveja com diferentes pratos e equilibrar o número de cervejas servidas durante uma refeição.

LEMBRE-SE

Uma boa cerveja artesanal pode ser muito mais interessante do que um vinho — ela é fria e refrescante e, dependendo do estilo, muito mais rica, complexa e saborosa do que o vinho. E, mais, se você possui orçamento e renda de classe média, verá que degustar diversas cervejas durante uma refeição é preferível a diversos vinhos.

Dentro do muitas vezes intimidante mundo dos pratos e vinhos, até os neófitos podem se apoiar no velho clássico carne vermelha — vinho tinto. Mas para os bebedores de cerveja não há regras e guias nas quais se apoiarem, pois não existem. E poucas pessoas possuem uma ideia boa o suficiente dos variados tipos de estilos e perfis de sabores da cerveja para, facilmente, tomar decisões.

Na verdade, você verá que é difícil errar ao combinar cerveja e comida. A diversão é tentar fazer melhor do que apenas não errar.

Todo tipo concebível de comida possui uma cerveja apropriada para acompanhá-la. A beleza da cerveja está em sua versatilidade. Você pode, geralmente, encontrar um estilo de cerveja que é uma combinação natural para um tipo específico de comida. A cerveja funciona até melhor com alguns pratos do que o vinho, como, por exemplo, os muito picantes ou ácidos. Cervejas levemente ácidas são um ótimo contraponto para comidas mais pesadas.

DICA

As pessoas gostam de regras básicas, portanto, listo as principais relacionadas à cerveja nas próximas seções. Mas, por favor, não as siga tão cegamente. Pelo bem da simplicidade, peguei emprestados alguns exemplos do vinho para descrever as duas principais categorias de cerveja e como combiná-las com comidas específicas.

CAPÍTULO 13 **Jantando com Cerveja**

Substituindo o vinho pela cerveja

A categoria de cervejas lager é o equivalente ao vinho branco. Quando comparadas às ales, as lagers possuem as seguintes características:

» Geralmente menos encorpadas e de cor clara

» Perfil de sabor menos amplo e maior facilidade de beber (isto é, tende a atrair um público maior)

A categoria de ale é equivalente ao vinho tinto. Quando comparadas às lagers, as ales possuem as seguintes características:

» Tipicamente mais escuras

» Mais arredondadas, robustas e expressivas

» Perfil de sabor mais amplo e, portanto, com menos bebibilidade (isto é, ela atrai aqueles com um paladar mais experiente para cervejas)

LEMBRE-SE

Só para o manter ligado, lembre-se de que essas regras são, de fato, bem básicas — lagers escuras e encorpadas existem assim como também existem ales claras e leves.

Na próxima vez que você for escolher a uva por hábito, considere uma cerveja. A Tabela 13-1 oferece algumas boas ideias (pule para o Capítulo 4 para uma introdução a todos os tipos de cerveja listados).

TABELA 13-1   Substituições de Cerveja por Vinho

Vinho	Cerveja substituta sugerida
Vinho branco seco	Blonde Ale, Kölsch ou Pilsen alemã
Vinho tinto seco	Fruit Lambic ou Flanders Red

Vinho	Cerveja substituta sugerida
Champagne	Uma leve e carbonatada Witbier, Lambic ou Berliner Weisse
Brandy	Uma alcoólica Barleywine ou Old Ale
Vinho do Porto	Russian Imperial Stout de sabor intenso

LEMBRE-SE Lembre-se de que essas sugestões de substituições não são trocas gosto por gosto, e sim estilo por estilo. Em outras palavras, não espere que a Imperial Stout tenha o mesmo gosto do vinho do porto; ela está simplesmente servindo ao mesmo propósito de uma bebida rica e alcoólica para o fim do jantar.

Escolhendo cervejas para diferentes tipos de culinária

A regra geral para combinar cervejas e comidas é guardar as cervejas mais pesadas, como as ales, cheias de personalidade, para pratos também pesados, e tentar usar as lagers mais claras, levemente maltadas, para pratos com sabores mais sutis. A Tabela 13-2 oferece alguns exemplos de combinações de cervejas com variados tipos de culinárias.

TABELA 13-2 Sugestões para Combinações de Cervejas e Culinárias

Cozinha	Prato	Cerveja
Mediterrânea	Massas com molho vermelho ou branco	Dortmunder ou Munich Helles

(continua)

CAPÍTULO 13 **Jantando com Cerveja** 155

(continuação)

Cozinha	Prato	Cerveja
	Porco ou Cordeiro	Pale Ale (lupulada)
Frutos do Mar	Peixe fresco	Pilsner ou Wheat Beer (cerveja de trigo)
Mariscos	Mariscos	Porter, India Pale Ale
	Peixe salgado	Porter
	Ostras	Dry Stout (combinação clássica)
Indiana	Pratos ao curry	Premium Pale Lager, Golden Ale
Asiática	Pratos vegetarianos (com molho de peixe)	Premium Pale Lager
Francesa	Queijos envelhecidos ou temperados com ervas	Bière de Garde, Saison
	Molhos ricos	Saison picante e refrescante
	Carne vermelha	Trappist Ales Belgas terrosas
Continental	Queijos	Altbier ou Rauchbier (defumada)
	Bife	Schwarzbier ou Porter
	Porco e frango	Maibock ou Munich Helles
	Pão preto ou de centeio com manteiga	Munich Dunkel ou Schwarzbier
	Salsichas	Bock ou Märzenbier/Oktoberfest

Cozinha	Prato	Cerveja
	Pizza	Vienna/ Amber Lager
	Aspargos	Pale Lager ou Trappist Tripel
Comidas apimentadas	Asinhas de frango tipo buffalo	Märzenbier/Oktoberfest
	Pimentas fortes	Bock
	Molhos mexicanos apimentados	Vienna/ Amber Lager
	Culinária tailandesa	Dark Wheat, Blonde Ale
Sobremesas	Sobremesas pesadas	Doppelbock ou Imperial Stout

LEMBRE-SE

A Tabela 13-2 é apenas para lhe dar algumas ideias sobre combinações de cerveja e pratos. A vasta gama de estilos, de clara a escura, seca a doce, e leve a robusta, oferece um número ilimitado de combinações culinárias e muito espaço para experimentação.

Cortando, contrastando e complementando diferentes sabores

Sabores complementares entre cervejas e pratos são bons, mas gostos contrastantes não são necessariamente ruins. Servir uma cerveja ácida, como a Berliner Weisse, com uma salada regada com vinagre e azeite, é complementar; servir uma Witbier belga frutada como alternativa é contrastar. As duas opções funcionam igualmente bem; é só questão de preferência. A experimentação é metade da diversão!

A cerveja também serve para cortar sabores. Por exemplo, cervejas altamente lupuladas ajudam a cortar a oleosidade das carnes, como o pato ou cordeiro, enquanto as cervejas claras e carbonatadas

CAPÍTULO 13 **Jantando com Cerveja** 157

são eficientes em cortar o ardor (como o de pimentas picantes) e o excesso de temperos.

DICA

Com comidas picantes, em vez de tentar extinguir as chamas enxaguando a boca com qualquer coisa molhada e gelada, cubra sua boca com uma lager cremosa, maltada, de corpo médio, e não a sirva muito gelada. Você quer cervejas mais doces, e não mais secas, para cortar o calor; o álcool extra em cervejas mais fortes também derruba o calor. A água é péssima para extinguir o fogo na sua língua.

Ao preparar as refeições, os chefs tentam envolver a maioria dos quatro receptores de sabor da língua humana — doce, salgado, azedo e amargo. Esse esforço completa a refeição e a torna mais interessante. Por outro lado, se um desses sabores dominar ou faltar completamente, o equilíbrio da refeição sofre. O que a cerveja leva à mesa de jantar é em sua maioria doce e amargo, assim você pode fazer suas escolhas adequadamente.

NESTE CAPÍTULO

» Usando a cerveja na cozinha

Capítulo 14
Cozinhando com Cerveja

A cerveja não é somente uma ótima bebida na hora das refeições, mas também é um ingrediente maravilhoso, barato, versátil e de fácil uso na cozinha. Comparada ao vinho, a cerveja sai na frente em diferentes aspectos. A cerveja é divertida e simples, e não possui colesterol ou gordura. A maioria de suas calorias vem do álcool, que geralmente é evaporado ao ser usado em uma receita — algo que não acontece com a maioria das outras comidas.

De fato, o vinho não carrega mais a patente de bebida alcoólica preferida como ingrediente na cozinha. A cerveja é o parceiro ideal das comidas em muitas instâncias. Pode-se até dizer que a cerveja é inerentemente superior, mas não há necessidade de julgamentos aqui. Graças à ampla disponibilidade de cervejas artesanais de alta qualidade, sem aditivos e conservantes, e altamente saborosas, uma nova porta gustativa se abriu.

Neste capítulo, explico quando você pode usar a cerveja em uma receita e quais tipos de cerveja usar. Também apresento diversas receitas deliciosas, estrelando a cerveja — aproveite![1]

Usando Cerveja Como Ingrediente para Qualquer Prato

Cozinhar com cerveja não é nada novo. A cerveja vem sendo usada na cozinha há tanto tempo quanto a própria comida — não é surpresa, já que a cerveja foi provavelmente um dos primeiros elementos da civilização. Lá atrás, quando a cerveja foi inicialmente descoberta, era muito frequentemente o material base ao que se adicionavam outras coisas, e não o contrário. A cerveja, lá atrás também, era muito mais um alimento, com muitos ingredientes sólidos suspensos dentro do líquido.

Molhos de queijo com cerveja, chili com cerveja, feijão com cerveja, pão de cerveja, molho de cerveja, qualquer coisa com massa de cerveja e bratwurst cozida com cebola na cerveja (esse, um grande favorito) são as receitas tradicionais com cerveja. A culinária clássica vem incluindo pratos belgas à base de cerveja, como por exemplo o carbonnade flamande (ensopado de carne). Com alguma imaginação, conseguem-se milhares de outras possibilidades.

Nas próximas seções, explico quando você pode (e não pode) substituir a cerveja em uma receita, e ofereço algumas dicas para selecionar uma cerveja para cozinhar.

LEMBRE-SE

Ao cozinhar com cerveja, não se preocupe com as crianças nem com seus amigos que não bebem — o álcool tem o ponto de ebulição mais baixo do que a água (79 graus Celsius) e rapidamente se evapora na presença do calor. A não ser que a cerveja não seja esquentada ou adicionada ao prato imediatamente antes de servir, nenhum álcool chega à mesa.

---

[1] N.E.: Colaborou neste capítulo: Mario Cesar Varges — *chef de cozinha, consultor gastronômico e nutricional*.

Entendendo quando se pode (ou não) usar a cerveja em uma receita

Onde o vinho, caldo ou água é requisitado em uma receita, a cerveja geralmente oferece uma alternativa única e muitas vezes melhorada. Cozinheiros criativos podem se divertir muito experimentando a cerveja como substituto para pelo menos parte de outros líquidos comumente usados na culinária.

A opção mais fácil de se começar a brincar (com a culinária e a cerveja, é claro) é com comidas feitas a vapor, sopas, ensopados, marinadas, glacês e molhos. Simplesmente a despeje. No outro extremo, você pode tentar o sorvete de chocolate e Stout, definitivamente um teste para os mentes abertas: experimente jogá-lo em cima de uma Stout (e não root beer[2]). Qual é a próxima agora — mostarda de cerveja? Opa, espere — já foi inventada!

DICA

Se você é um novato quando o assunto é cerveja e quer experimentá-la nas próprias receitas, tente usar os seguintes estilos:

» Pale Lager para afinar uma massa; você também pode usar a Pale Lager como metade do líquido em qualquer receita de pão e de um quinto a um quarto do líquido em uma receita de sopa

» Uma ale ou lager mais clara (e um pouco de água) para cozinhar mexilhões no vapor

» Uma Pale Lager misturada com água (e especiarias) para cozinhar camarões no vapor

» Lagers leves ou de corpo médio para marinadas mais leves

» Lagers encorpadas ou ales para marinadas mais intensas (como as inspiradas pela culinária chinesa)

2N.E.: Beberagem à base de raiz de sassafrás, que tem espuma abundante.

CAPÍTULO 14 **Cozinhando com Cerveja**

DICA

Boa notícia para os vegetarianos: Cervejas altamente saborosas, como a Scottish Ale, são um substituto fantástico para o caldo de galinha ou carne. A cerveja é feita de grãos, portanto, ela possui uma afinidade natural com pratos à base de grãos.

LEMBRE-SE

Sempre que usar cerveja em alguma receita, cozinhe-a tempo suficiente para que imponha seu sabor, que depende muito da cerveja que você está usando e o que está cozinhando.

Uma das maneiras mais simples de se começar a cozinhar com cerveja é para fazer frango assado: simplesmente despeje uma garrafa de cerveja bem saborosa, tipo Märzen ou Brown Ale, no fundo da travessa e deixe-a se misturar com os caldos da carne; adicione maizena ou farinha e cerveja fresca ao final, para um molho maravilhoso, simples e sem pelotas (o resto é com você).

CUIDADO

Não parta do princípio que a cerveja é um ingrediente complementar em todas as receitas. Pois, dos quatro sabores básicos (doce, azedo, salgado e amargo), a maioria das cervejas contribui apenas com doce e amargo. Às vezes a cerveja simplesmente não funciona, geralmente porque seu amargor ou doçura natural se concentram durante o cozimento. (O vinho não é normalmente amargo, e vinhos doces não são muito usados na culinária.) Considere se a doçura e amargor concentrados da cerveja podem tirar o foco do prato que você estiver cozinhando.

Escolhendo a cerveja certa para a receita

LEMBRE-SE

Dentre a vasta gama de estilos disponíveis, você precisa fazer uma escolha sobre qual cerveja vai usar em uma receita. Apesar de as lagers mais comuns funcionarem, elas obviamente não adicionam tanto sabor quanto outros estilos. Considere os seguintes fatores ao escolher uma cerveja para cozinhar:

- » **Cor:** Cervejas fabricadas com uma grande porcentagem de grãos escuros, como a Stout e Porter, geralmente transpõem sua cor ao prato — não é um tom apetitoso para um fettuccine Alfredo ou ovos mexidos.

- » **Nível de doçura (quantidade de malte) versus nível de amargor (quantidade de lúpulo e adstringência dos grãos)**: O malte é de longe o sabor mais predominante da cerveja em uma receita, mas o amargor pode roubar a cena facilmente, pois ele aumenta com a *redução* (isto é, a diminuição do volume, causada pela fervura). Adicione cervejas amargas mais tarde em uma receita ou, se uma cerveja está sendo cozida por um tempo, escolha um estilo de cerveja mais maltado. Em geral, escolha uma cerveja mais branda em vez das mais brutas e evite as mais lupuladas, como algumas Pale Ales. Cervejas mais pesadas e doces devem ser reservadas para sobremesas e glacês.

- » **Nota**: À medida que a água e o álcool evaporam, tanto o sabor doce quanto o amargo da cerveja se intensificam.

- » **Sabores inusitados**: Tenha em mente que as cervejas agora estão disponíveis em uma ampla variedade de estilos, muitos com sabores que não são tradicionalmente associados à cerveja. Você pode encontrar cervejas frutadas, de chocolate, azedas e cervejas defumadas. Não que essas cervejas não possuam muitas possibilidades culinárias; elas simplesmente não são feitas para serem usadas nas receitas comuns.

DICA

A não ser que você já seja um perito nos estilos de cerveja e saiba o que esperar de cada um deles, pode achar a clara, porém saborosa, Munich Helles (lager pálida estilo Munich) adequada para diversos usos culinários.

CAPÍTULO 14 **Cozinhando com Cerveja**

4 Explorando as Cervejas ao Redor do Mundo e em Casa

NESTA PARTE...

Esta parte do livro trata, principalmente, de sair e explorar cervejas — geralmente onde são feitas (a propósito, é a melhor maneira de se experimentar cervejas). No Capítulo 15 eu fico por aqui pertinho (ou seja, na América do Norte) e em seguida sigo mais adiante até a Europa, Ásia e além, no Capítulo 16.

O Capítulo 17 também é sobre as viagens em busca das boas cervejas, mas especificamente sobre viagens focadas estritamente em cerveja. Sim, algumas empresas planejam viagens e férias totalmente focadas em cerveja, e aqui irei destacá-las.

E, finalmente, o Capítulo 18, que aborda a exploração cervejeira de uma maneira bem inusitada: fabricando sua própria cerveja. Não ignore essa possibilidade; milhares de pessoas pelo mundo vêm fabricando a própria cerveja em casa (eu sou uma delas), e muitas outras estão entrando na onda todos os dias.

NESTE CAPÍTULO

» Revisitando as tradições norte-americanas de fabricação

» Provando cervejas em bares e pubs cervejeiros norte-americanos

Capítulo **15**

Analisando Cervejas na América do Norte

Apesar das raízes europeias da cerveja, os exploradores de cerveja norte-americanos não precisam viajar muito longe para matar sua curiosidade. As pessoas podem encontrar muitas maneiras de celebrar e explorar as cervejarias norte-americanas, os festivais e até os museus cervejeiros. E, como a maior parte da cerveja fabricada em microcervejarias ou pubs cervejeiros não é distribuída nacionalmente, a exploração de cervejas nos Estados Unidos, Canadá e até no México pode trazer recompensas, como você descobrirá neste capítulo. Isso sim é gratificação instantânea!

Conhecendo o Passado da Cerveja nos Estados Unidos

Antes de chegar ao prato principal deste capítulo — onde encontrar e saborear cerveja com seu prato favorito na América do Norte — seria interessante refletir um pouco sobre a história e os eventos que fizeram da fabricação de cerveja nos Estados Unidos o que ela é hoje.

Apesar de o Novo Mundo ter sido descoberto há meros 500 anos, a fabricação de cerveja no continente norte-americano tem sido um ofício constante por mais ou menos 400 desses anos. Salvo, as criações mais antigas produzidas pelos exploradores europeus eram bastante rudimentares, tendo que ser produzidas a partir de ingredientes disponíveis, como seiva de árvores, melaço e milho; essas cervejas demonstravam a dedicação e tenacidade (e força intestinal?) dos colonizadores.

Após a construção de moradias, a ordem colonial prioritária era de se construir uma igreja, seguida por uma taverna. Ambos eram ótimos pontos de encontro: um para fins religiosos, e o outro para fins político-sociais.

Eventualmente, dentre a massa de imigrantes europeus, havia aqueles cujo ofício era fabricar cerveja — genuína, feita com ingredientes genuínos. Empreendimentos comerciais cervejeiros foram rapidamente estabelecidos, principalmente nos centros urbanos, para saciar a sede das crescentes populações.

À medida que as fronteiras do estado norte-americano se expandiam para o oeste, expandia-se também a necessidade de novas cervejarias em cada novo ponto. Lá por meados de 1870, 4 mil cervejarias existiam somente nos Estados Unidos. A seguir estão os nomes ainda reconhecidos de cervejarias daquela época:

- » Anheuser (Eberhard) e Busch (Adolphus)
- » Coors (Adolph)
- » Hamm (Theodore)
- » Leinenkugel (Jacob)
- » Matt (Francis Xavier)
- » Miller (Frederick)
- » Pabst (Frederick)
- » Schlitz (Joseph)
- » Spoetzl (Kosmas)

Apesar de nenhuma das cervejarias mencionadas acima — e elas são apenas uma fração das que vieram antes — serem conhecidas por produzir estilos e sabores únicos e espetaculares de cerveja, todas fizeram parte de uma indústria de rápida expansão que elevou os padrões de produção. A qualidade e a consistência se tornaram os novos padrões — não que a qualidade não tenha sido nunca parte importante da indústria, mas o compromisso com a consistência foi bem impressionante.

O número de barris produzidos pela indústria cervejeira americana começou a aumentar durante esse período. A cervejaria Pabst Brewing Company, do Milwaukee, Wisconsin, tornou-se a primeira a produzir mais de 1 milhão de barris de cerveja por ano no período de 1890. As cervejarias Anheuser-Busch Brewing Company, de St. Louis, Missouri, e a Schlitz Brewing Company de Milwaukee, Wisconsin, vieram em seguida. Essas cervejarias representavam as três maiores cervejarias dos Estados Unidos na virada do século XX. A cerveja em si poderia não ser tão notável, mas o grande volume que estava sendo produzido certamente era.

Ensinando o padre a rezar missa: Ascensão das pequenas cervejarias artesanais

Quando cervejeiros artesanais (também conhecidos como *microcervejeiros*) entraram em cena, no fim dos anos 1970 e início dos anos 1980, foram ignorados por praticamente todo mundo. Consumidores não os levavam a sério, e até onde interessava às grandes cervejarias, bom, digamos que não lhes interessava. Os primeiros cervejeiros artesanais eram como um mosquito nas costas de um elefante; quando o elefante sacode o rabo, entretanto, o mosquito sabe que conseguiu sua atenção.

O momento exato no qual as grandes cervejarias começaram a levar os cervejeiros artesanais a sério está aberto para debates, mas as cervejarias contratuais provavelmente tiveram algo a ver com isso. Uma *cervejaria contratual* é uma empresa que não é dona de nenhum equipamento de fabricação própria; contrata uma cervejaria de verdade para fabricar a cerveja para ela.

As cervejarias contratuais tiveram seu apogeu em meados dos anos 1980 (a Boston Beer Company é uma das poucas cervejarias contratuais que sobreviveram). Devido à aparência e gosto (na maior parte) das cervejas fabricadas sob contrato serem parecidas com as não contratuais, os consumidores tinham dificuldade em perceber a diferença entre elas. Algumas cervejarias contratuais fizeram sucesso e eventualmente abriram as próprias instalações, mas a maioria delas faliu e caiu no esquecimento. A única coisa em que as cervejarias contratuais tiveram sucesso foi na rápida expansão do mercado de cerveja artesanal, chamando a atenção dos consumidores e das grandes corporações, como Miller, Coors e Anheuser-Busch.

Quando o conceito de microcervejaria virou moda, muita gente iniciou operações de produção artesanal. Várias novas marcas chegavam ao mercado regularmente. Foi mais ou menos aí que o elefante começou a notar o mosquito.

Anheuser-Busch, Coors e Miller deram um recado para toda a indústria ao introduzirem as próprias marcas especializadas no mercado (de meados dos anos 1980 até meados dos anos 1990). A mensagem era dupla:

> » Elas não cederiam lugar nas prateleiras para um monte de jovens iniciantes.
>
> » Elas eram capazes de produzir cervejas artesanais mais rápido e de melhor qualidade do que qualquer pequena cervejaria. (Pelo menos quanto à rapidez estavam certas.)

Diversas cervejarias nacionais e regionais tentaram entrar no movimento produzindo as próprias cervejas artesanais. Algumas cervejarias realmente entenderam o conceito de cerveja artesanal e fizeram o melhor para tentar forjá-lo, enquanto outras simplesmente não faziam ideia de onde estavam se metendo. Essas nada mais fizeram do que engarrafar uma cerveja medíocre e enfeitar com um rótulo e nome interessantes. Elas pensaram que isso passaria por cerveja artesanal. Não colou.

Quando muitos desses fingidores falharam, os grandes nomes decidiram trilhar por outro caminho. Eles tiveram a brilhante ideia de garantir sua entrada no movimento de cervejas artesanais através da compra de microcervejarias (ou parte delas). Quem disse que não se pode ensinar um padre a rezar missa? Algumas das investidas mais notáveis das grandes cervejarias no ramo das cervejas artesanais incluem:

> » A Anheuser-Busch se envolveu com a Redhook Ale Brewery, de Seattle; a Widmer Brothers Brewing Company, de Portland; a Kona Brewing Company, de Honolulu, e a Goose Island Beer Company (conhecidas coletivamente como Craft Brewers Alliance, Inc.). A Anheuser-Busch abriu uma cervejaria em Portsmouth, New Hampshire, visando fabricar lá Redhook, Widmer, Kona e, mais

recentemente, as Goose Island, facilitando assim a distribuição dessas marcas na costa leste.

» A Miller investiu pesado na cervejaria, anteriormente familiar, Jacob Leinenkugel Brewing Company, natural de Wisconsin, e estabeleceu a marca nacionalmente.

» A Coors foi mais discreta ao formar a misteriosa Blue Moon Brewing Company — subsidiária pouco conhecida, mas que tem se dado muito bem. (Em 2010, a Coors anunciou a criação da Tenth and Blake Beer Company, uma nova empresa focada em cervejas importadas e artesanais.)

Hoje em dia, mesmo com os números de produção e vendas das grandes cervejarias estagnados ou em queda, a produção de barris ainda está crescendo. Mérito dos cervejeiros artesanais.

Conhecendo a Cena Cervejeira do Canadá e México

Por mais divertido que seja o crescimento da indústria de cerveja artesanal nos Estados Unidos, você não pode esquecer que eles não estão sós nesse movimento. Por melhor ou pior que seja, os vizinhos ao norte e ao sul são, muitas vezes, influenciados pelo que os cervejeiros dos EUA fazem. E às vezes eles até vencem o jogo, como você verá a seguir.

Oh, Canadá

As raízes da fabricação de cervejas do Canadá são tão antigas e bem estabelecidas quanto as dos Estados Unidos. Na verdade, muito da história do Canadá está interligada à norte-americana, pois o Grande Norte Branco foi descoberto, explorado e povoado pelas mesmas pessoas, na mesma época. E parece lógico que a história de fabricação da cerveja canadense siga uma linha do tempo parecida, também.

O inglês John Molson foi o primeiro a estabelecer uma cervejaria no Canadá, em 1786; ironicamente, na província francesa e bebedora de vinho, Quebec. O irlandês Eugene O'Keefe fez o mesmo em 1862 e, mais tarde, fundiu sua empresa com a de Thomas Carling. John LaBatt fez seu nome ao adquirir a cervejaria que foi vendida ao seu pai em 1866. Todos esses nomes icônicos são reverenciados pelos bebedores de cerveja canadenses.

Praticamente desconhecidos dos norte-americanos que vêm sendo alimentados com uma dieta constante e limitada de Golden Lagers e Pale Ales canadenses, os grandes cervejeiros canadenses, como Molson, O'Keefe, Carling e Labatt, produzem uma grande variedade de marcas e estilos de cerveja que os canadenses guardam para si mesmos. Na verdade, a Molson Porter foi a cerveja da minha epifania, que despertou meu interesse por boas cervejas, lá em 1982.

DICA

De qualquer maneira, refletindo o movimento de cerveja artesanal nos Estados Unidos, os cervejeiros artesanais canadenses vêm produzindo a mesma cerveja de alta qualidade e variedade de estilos. Algumas marcas para se procurar quando estiver no Canadá incluem as seguintes:

» Amsterdam, Toronto, Ontário

» Brasserie McAuslan (St. Ambroise), Montreal, Quebec

» Brick Brewery, Waterloo, Ontário

» Granite Brewery, Halifax, Nova Scotia

» Granville Island Brewing, Vancouver, British Columbia

» Okanagan Spring, Vernon, British Columbia

» Sleeman Brewing & Malting, Guelph, Ontário

» Unibroue, Chambly, Quebec

CAPÍTULO 15 **Analisando Cervejas na América do Norte**   173

À maneira mexicana

A cerveja mexicana está longe de ser glamourosa; ela nunca foi considerada mais do que uma bebida qualquer para matar a sede em um país quente e seco. Entretanto, algumas marcas renomadas e artesanais estão disponíveis, como você descobrirá nas próximas páginas.

Grandes marcas de cerveja no México

Há décadas, a indústria de cerveja mexicana é monopolizada por apenas duas empresas: Grupo Modelo e Cervecería Cuauhtémoc Moctezuma. Infelizmente, elas produzem uma grande variedade de marcas sem oferecer uma grande variedade de estilos.

De qualquer maneira, se você quiser experimentar algumas cervejas mexicanas autênticas, as opções são um tanto medíocres. As seguintes marcas são as maiores fabricadas pelo mexicano Grupo Modelo, instalado na Cidade do México:

- » Corona
- » Estrella
- » Modelo Especial
- » Negra Modelo
- » Pacifico Clara
- » Victoria

As maiores marcas produzidas pela cervejaria baseada em Monterrey, Cerveceria Cuauhtémoc Moctezuma, são:

- » Bohemia
- » Carta Blanca
- » Dos Equis

> » Indio
> » Sol
> » Tecate

As dezenas de marcas são, em sua maioria, Pale Lagers, com duas notáveis exceções:

> » O fabricante da Corona (uma pequena marca do México) também produz uma das únicas cervejas escuras do país: Negra Modelo.
> » A relativamente maltada Dos Equis é uma pequena maravilha: ela é uma rara descendente das Vienna Lagers fabricadas no México durante a ocupação do imperador austríaco Maximilian, em meados do século XIX.

Cervejas artesanais no México

DICA

Por um tempo, parecia que o movimento da cerveja artesanal passaria batido pelo México. Com a economia desequilibrada e frente às tradições camponesas do país, se a cerveja artesanal pegaria de vez era uma grande questão. Porém, ufa, uma nova geração de bebedores de cerveja — e a galera das redes sociais — finalmente descobriu o que nós já saboreávamos por muitos anos: *cerveza artesanal*! Esses novos cervejeiros existem desde 2005 e estão encontrando seu espaço entre a elite urbana mexicana. Aqui estão algumas marcas que vale a pena procurar:

> » Cervecería Primus (Tlalnepantla de Baz — essencialmente um subúrbio ao norte da Cidade do México)
> » Cervecería Minerva (Guadalajara)
> » Minerva Malverde (Pilsner)
> » Cervecería Cucapá (Mexicali)

CAPÍTULO 15 **Analisando Cervejas na América do Norte** 175

Indo Onde a Cerveja Está

Mesmo com tantas variedades de cervejas disponíveis, a cerveja ainda não aparece magicamente na sua porta (a não ser que você faça parte de um clube da cerveja, mas isso é outra história). Se você quiser saborear uma boa cerveja, terá que sair e a procurar (a não ser que você seja um fabricante caseiro, mas isso também é outra história).

A boa notícia é que você não precisa ir muito longe de casa para encontrar uma boa cerveja. Ela está lá, parada na esquina (para um número cada vez maior de pessoas). Nas próximas seções, você descobrirá alguns destinos de cerveja bem comuns pela América do Norte.

Bares de cerveja

Na Irlanda, no Reino Unido e na maior parte da Europa central e do oeste, a cultura dos pubs ainda está intacta. Muitos pubs e tavernas possuem decoração tradicional, são lugares quietos, onde você pode beber confortavelmente com o povo local, que conhece praticamente todo mundo (a norma!). Mulheres e crianças são figuras presentes durante o dia. Muitas vezes, o chope é uma iguaria local que é servida e bebida com muito orgulho e respeito.

Apesar do histórico de proibição, da cultura da latinha de cerveja e da falta de estilos variados de cerveja, um pouco do estilo do Velho Mundo retorna aos Estados Unidos sob a forma de bares especializados. Esses bares, diferentemente dos pubs cervejeiros e dos gastropubs, têm suas reputações construídas com base na quantidade e qualidade das cervejas nas suas cartas de cerveja. É claro, essa moda não é livre de extremos: alguns bares se empenham em ser grandes salões de cerveja alemã, outros se empenham em ser como os antigos pubs irlandeses e outros aspiram ao conceito de pub cervejeiro, instalando falsos equipamentos de fabricação para converter a aura do local na de um pub cervejeiro.

Nos Estados Unidos, a cerveja artesanal ocupa a maioria das chopeiras; alguns bares até fizeram acordos com os cervejeiros locais para receberem um fornecimento contínuo de cerveja a ser vendida com o nome do bar.

DICA

Para a maioria dos bebedores de cerveja, o chope é melhor do que a cerveja de garrafa. Por quê? Porque o chope:

» É mais fresco (a cerveja é entregue rapidamente, às vezes diretamente pela cervejaria)

» Geralmente não é pasteurizado (o gosto não foi eliminado junto com os micróbios)

» Provavelmente foi armazenado apropriadamente (as pessoas que encomendam pelo barril keg estão normalmente mais interessadas na qualidade da cerveja)

» Possui bolhas menores e textura mais cremosa do que as cervejas de garrafa, se servido de maneira correta — principalmente com uma chopeira com torneira de bomba manual (veja o Capítulo 5 para mais informações sobre as bombas manuais)

Pubs cervejeiros

Um dos melhores lugares para experimentar cervejas diferentes é em um pub cervejeiro — um pub, geralmente com um restaurante, que serve a própria cerveja fabricada em uma pequena cervejaria nas próprias instalações, meio que um restaurante com a própria confeitaria.

Por definição, um pub cervejeiro não distribui mais do que 50% de sua cerveja para fora do estabelecimento — a maioria não distribui nenhuma —, apesar de você a poder levar para casa, às vezes, em pequenos barris keg ou growlers (veja o Capítulo 9 para mais detalhes sobre esses barris). Os pubs cervejeiros possuem vários tamanhos, desde um taberneiro que fabrica por hobby e tem uma saída de em média 200 barris até as grandes operações comerciais que fabricam milhares por ano.

A maneira mais fácil e eficiente de encontrar o pub cervejeiro mais próximo é usando sua ferramenta de busca favorita.

DICA

Os amantes da cerveja valorizam os pubs cervejeiros por vários bons motivos, incluindo:

» **Cerveja fresca:** O produto servido em um pub cervejeiro é o mais fresco que você vai encontrar em qualquer lugar. (Os pubs cervejeiros sempre se vangloriam do fato de que as cervejas de megacervejarias precisam viajar centenas de quilômetros para chegar até seu copo, enquanto que a deles viaja apenas alguns passos do tanque até a chopeira.) Com cerveja, o frescor é imprescindível na preservação do sabor.

» **Variedade:** Os pubs cervejeiros oferecem cervejas em uma variedade dos estilos mais comuns, uma ou duas sazonais especiais e uma ou outra em um estilo mais exótico, normalmente por tempo limitado (o que faz com que você volte regularmente para ver as novidades). Os cervejeiros gostam de testar suas habilidades tanto quanto gostam de agradar seu paladar. Cervejas importadas ou convidadas geralmente aparecem ao lado das caseiras, só por diversão. Muitos pubs cervejeiros ilustram algumas de suas cervejas mais populares nos porta-copos para que os consumidores as vejam assim que se sentarem (veja a Figura 15-2, por exemplo).

» *Know-how* **na hora de servir:** Os pubs cervejeiros sabem como servir uma cerveja. Por exemplo, nenhum bebedor sério quer uma caneca congelada e eu ainda estou para encontrar uma em um pub cervejeiro. A maioria deles serve a cerveja na temperatura adequada e em copos apropriados (veja o Capítulo 11 para os detalhes sobre como servir uma cerveja).

- » **Educação elementar:** Os curiosos e inquisitivos podem ver o equipamento de fabricação e ter a chance de assistir ao mestre cervejeiro trabalhando e lhe fazer perguntas. Com sorte, você pode até fazer um tour. O que é legal mesmo é quando um cervejeiro oferece a um cliente bem interessado a oportunidade de passar o dia trabalhando ao lado dele.

- » **Pós-graduação:** Os pubs cervejeiros, às vezes, patrocinam seminários de fabricação ou degustação de cerveja de fim de semana. A Goose Island Brewing Company, de Chicago, Illinois, foi umas das primeiras a fazer isso. Essa empresa oferece o MBA (*Master of Beer Appreciation*), que encoraja os clientes a experimentarem um portfólio de estilos por todo o ano e ganharem pontos premium para trocar por camisetas e cerveja de graça. (Estava esperando um diploma?)

- » **Camaradagem:** Uma coisa que você certamente encontrará em um pub cervejeiro é camaradagem — não a do tipo esportivo, cheia de testosterona, mas a do tipo dos fanáticos por cerveja, os lupulomaníacos, e os fãs de cerveja gourmet. Iniciar conversas sobre cerveja é fácil nesses lugares. (E alguns donos de pubs cervejeiros são antigos produtores caseiros.) O clima e os esportes também aparecem, é claro, mas cerveja sempre será o assunto predileto.

- » **Comida:** Ah, sim, a comida. Os caras dos pubs cervejeiros geralmente gostam de cozinhar receitas que valorizem suas cervejas, e eles ficam felizes em sugerir combinações de comidas e cervejas. Mas a comida é secundaria à boa cerveja (pena dos raros pubs cervejeiros com cervejas ruins). Quando a comida é excelente e criativa, a experiência é divina. (Vá ao Capítulo 13 para detalhes sobre refeições com cerveja e ao Capítulo 14 para saber mais sobre como cozinhar com cerveja.)

NESTE CAPÍTULO

» Conhecendo os lugares populares

» Envolvendo-se com a cultura cervejeira local

Capítulo 16
Experimentando Cervejas na Europa, Ásia e Além

Ok, fãs da cerveja: se o bichinho da cerveja o mordeu, você vai querer experimentar em primeira mão a emoção de beber cerveja fresca onde ela é mais apreciada, mais bem-feita e servida da maneira correta. Sim, estou falando da Europa (apesar de os Estados Unidos não serem exatamente secos — veja o Capítulo 15). Embora a cerveja não tenha nascido na Europa, cresceu lá e se tornou a bebida mais popular do mundo devido às cervejarias europeias; a fabricação comercial é um negócio sério na Europa desde o século XII. Portanto, agora é a hora de fazer um tour de cerveja sério.

Afinal de contas, você vai querer dizer um dia: "Ah, sim — já fui lá, já bebi essa!"

Fora da Europa — com a possível exceção da Austrália — provavelmente somente os Estados Unidos e o Canadá criaram uma cultura cervejeira que você pode fisicamente visitar. Nenhum outro país oferece a um explorador da cerveja muito o que conquistar. As grandes cervejarias estabelecidas fora da Europa e América do Norte foram geralmente criadas por cervejeiros alemães ou britânicos (a casa da cerveja Tsingtao Beer, na China, parece uma vila da Baviera) e não são distintamente locais; as receitas e estilos são europeus (na maioria lagers leves, apesar de algumas Stouts serem fabricadas em Gana, Nigéria, África do Sul, Sri Lanka, Barbados, Jamaica e Cingapura, entre outros). Então, vamos encarar: uma viagem mundial de cerveja — assim como os estilos mundiais de cerveja — é, em sua maioria, uma viagem europeia.

Você pode beber bem e se afundar em coisas sobre cerveja em quase todos os países europeus, mas as joias raras do Reino da Cerveja são, sem sombra de dúvidas, Alemanha, Reino Unido, Irlanda, Bélgica e República Tcheca. Exploro esses locais e mais neste capítulo. Loucos por cerveja certificados, sua peregrinação os espera, completa com templos cervejeiros (maiores, mais antigos, originais e assim por diante). Para os mais sãos entre vocês, uma pequena trilha da cerveja oferece um ótimo adicional em uma viagem normal, digamos, de negócios ou com a família. (Pule para o Capítulo 17 para informações gerais sobre tours e viagens sobre cerveja).

Explorando Cerveja na Alemanha

Você, sem dúvida, já ouviu que os alemães gostam de cerveja e que eles meio que escreveram o livro sobre fabricação. Apesar de o número de cervejarias nos Estados Unidos (1700 até o momento) ter superado o de cervejarias na Alemanha (firmes e fortes em 1200), em nenhum outro lugar a cultura cervejeira é mais bem estabelecida e enraizada do que na Alemanha.

Poucas pessoas sabem que a cerveja na Alemanha é bastante localizada. Devido ao número de cervejarias, e em particular o de cervejarias *per capita*, a Alemanha tem bastantes cervejarias em nível local. Devido a essa circunstância, nunca houve necessidade nem motivação dos cervejeiros alemães de distribuírem suas cervejas muito longe da cervejaria. Daí, grandes marcas exportadoras, como a Becks ou St. Pauli Girl, são virtualmente desconhecidas fora de suas próprias regiões na Alemanha.

Eu já ouvi a mesma reclamação muitas vezes: viajantes insatisfeitos reclamam do fato de não conseguirem comprar uma Kolschbier em Hamburgo ou uma Rauchbier em Heidelberg. Essas cervejas, como a maioria na Alemanha, são produtos locais raramente encontrados fora de suas cidades de origem. O viajante bem preparado na Alemanha sabe disso e se planeja de acordo.

O único estilo de cerveja que você pode esperar encontrar em praticamente qualquer lugar na Alemanha é a onipresente pilsen alemã, uma versão mais clara e lupulada da venerável Bohemian Pilsner.

Descobrindo os sabores regionais: Norte, leste e oeste

Uma generalização sobre a cerveja na Alemanha que parece se firmar é que as cervejas mais secas e lupuladas podem ser encontradas no norte; enquanto as mais doces e maltadas, no sul. Isso deixa as cervejas meio-termo no meio. Bons exemplos dessa generalização são as bastante amargas e secas Jever Pils, fabricadas na província nortenha de Friesland, e a maltada Augustiner Edelstoff, fabricada no estado sulista da Baviera (veja a próxima seção para mais informações sobre esse estado). O estilo bem balanceado e saboroso da lager Dortmunder pode ser encontrado na Alemanha central — procure a marca DAB (Dortmunder Actien Brauerei).

Dois outros estilos de cerveja de notável exceção na Alemanha central oeste são as Kolschbier e Altbier. Primeiramente, essas duas cervejas híbridas são o mais perto que os cervejeiros alemães chegaram da produção de ales (veja o Capítulo 4 para mais detalhes dos diferentes estilos de cerveja). Segundo, você provavelmente não encontrará Altbier muito longe da região de Düsseldorf, e boa sorte em encontrar Kolschbier fora dos limites da cidade de Köln (Colônia). Marcas populares para se procurar são a Zum Uerige Altbier e P.J. Früh Kolschbier.

Enquanto a maioria das cervejarias da antiga Alemanha Oriental continuou a produzir lagers pouco impressionantes por 40 anos sob regime comunista, um estilo de cerveja em particular permaneceu popular em Berlim: a *Berliner Weisse* é única entre as cervejas alemãs; não é uma lager, e não é uma Weizenbier (ou Weissbier). Weisse — propositadamente escrita com um *e* no final — é uma cerveja pálida, ácida e refrescante. Procure as marcas Schultheiss ou Berliner Kindl.

Considere como um ponto a seu favor (e uma cerveja na sua barriga) se você conseguir encontrar outro estilo inusitado de cerveja nos estados da Alemanha Oriental, chamada de Gose ou Leipziger Gose. Essa cerveja leve, bastante carbonatada e ácida possui muito em comum com a Berliner Weisse, mas é mais difícil de encontrar.

Rumo ao sul para a Baviera

Das estimadas 1200 cervejarias na Alemanha, a maioria está no estado sulista da Baviera e na região da Francônia, centrada perto de Munique e Bamberg.

Munique sozinha abriga uma dúzia de cervejarias de todos os tamanhos, algumas cujas marcas são facilmente encontradas nos Estados Unidos: Spaten, Augustiner, Hacker-Pschorr, Löwenbräu, Paulaner e Hofbräu. Cada uma dessas seis cervejarias também opera em salões cervejeiros em Munique. Todas são lugares excelentes para experimentar o produto local (os habitantes de Munique consomem mais cerveja do que qualquer outro grupo de pessoas). Durante os meses quentes de verão, famílias inteiras se deslocam até os refrescantes jardins de cerveja (biergartens); e, em alguns, você leva a própria comida. Melhor ainda são as cervejarias pequenas e locais espalhadas por toda a Baviera. A experiência toda é muito melhor do que qualquer uma que você pode encontrar perto de casa (seja onde for), caso precise de uma desculpa para ir.

Apesar de Munique ser o centro romântico das cervejas na Alemanha, o verdadeiro centro da cerveja fica na região de Francônia e na cidade de Bamberg, no norte da Baviera. Mais de 300 cervejarias estão na Francônia e mais ou menos nove, na cidade de Bamberg. As cervejarias de Bamberg não possuem o mesmo nível de reconhecimento das de Munique, mas elas são tão merecedoras de sua atenção (e paladar) quanto. Procure pelas marcas Kaiserdom, Fässla e Schlenkerla.

DICA

Bamberg é considerada a capital mundial das Rauchbier (cervejas defumadas). Diversas cervejarias lá usam malte defumado sobre fogo de madeira de faia para dar à sua cerveja um sabor inusitado e exótico — que para algumas pessoas tem cheiro e sabor como presunto ou bacon líquido. É certo que a Rauchbier não é para todo mundo, mas todos que visitam Bamberg deveriam experimentá-la pelo menos uma vez; é útil ter um prato de queijo cheddar ou salsichas defumadas ao alcance.

Conhecendo as Cervejas no Reino Unido

O Reino Unido pode não ter o número de cervejarias da Alemanha, mas compensa pelos seus variados tipos de cervejas oferecidos e pelo número total de pubs — estimado em 55 mil. Essa caminhada cervejeira é um trabalho árduo se você quiser conhecer até uma pequena porcentagem de pubs.

CAPÍTULO 16 **Experimentando Cervejas na Europa, Ásia e Além**   185

O Reino Unido é o reduto absoluto das ales no mundo. Como acontece com a indústria de fabricação de cerveja dos Estados Unidos, algumas grandes cervejarias nacionais dominam o mercado, mas centenas de pubs cervejeiros, microcervejarias e cervejarias regionais produzem as mais interessantes e saborosas interpretações dos estilos tradicionais para os consumidores apaixonados, especialmente as ales condicionadas em barris (cerveja não pasteurizada, não filtrada, naturalmente carbonatada e tirada através da bomba manual; também chamada de *Real Ale* — veja o Capítulo 5).

Essas delicadas cervejas são tratadas como os vinhos locais da França, e com razão: elas não viajam — mais uma justificativa para você ir lá pessoalmente. Ironicamente, até as cervejas fabricadas pelas cervejarias nacionais britânicas (como a Bass) são consideradas boas nos Estados Unidos. Em resumo, bebe-se bem na Grã-Bretanha. Portanto, se você se aventurar até a Inglaterra, País de Gales ou Escócia — ou todos os três — nas próximas seções, ofereço um pano de fundo das cervejas que encontrará nesses locais e aponto os melhores pubs e festivais que o Reino Unido tem a oferecer.

Sentindo o sabor amargo das bitters na Inglaterra e no País de Gales

Quase todos os pubs da Inglaterra ou do País de Gales oferecem a *Bitter* de padrão britânico, mas o estilo bitter não é tão amargo assim — ela é levemente encorpada, carbonatada e pouco alcoólica (o termo *bitter* é uma marca antiga datando da época em que os primeiros lúpulos foram usados). As bitters podem ser encontradas em chope, como Ordinary Bitter, Best Bitter e Extra Special Bitter (também conhecida como ESB). Essa listagem de cervejas não é simplesmente uma ordem crescente de qualidade; essas designações também se referem ao corpo e teor alcoólico relativos entre cada uma. Na verdade, as diferenças são um tanto minúsculas e quase imperceptíveis ao paladar não treinado — apenas algo que você deveria saber.

Nem todos os pubs oferecem uma vasta gama de estilos, mas muitos destacam as cervejas maiores, robustas e vigorosas, como as Old Ales e Barleywines (veja o Capítulo 4), tão fortes (8 a 12% de álcool) que podem o derrubar antes que consiga dizer: "Llanfairpwllgwyllgogerychwyrndrobwllllantysiliogogogoch" (que é simplesmente o maior nome de uma cidade no mundo, e fica no País de Gales).

DICA

Muitos pubs do Reino Unido são *atrelados a cervejarias* — eles pertencem pelo menos em parte a uma cervejaria e, portanto, podem apenas servir cervejas dessa cervejaria em particular. Você geralmente descobre uma dessas casas atreladas através da menção da cervejaria, da cerveja que é servida ou do letreiro do pub. Se quiser experimentar uma grande variedade de cervejas menos conhecidas, evite os pubs atrelados a cervejarias.

Pegando pesado com a Escócia

A Escócia é responsável por apenas 10% de todos os pubs do Reino Unido, mas isso é compreensível considerando que a Escócia é um país muito menos populoso. Caramba, os escoceses são até superados pelo número de ovelhas em sua própria terra em uma relação de cinco para um!

Devido ao seu clima mais nortenho, a Escócia tem a tradição de produzir ales mais encorpadas, escuras e maltadas. E os escoceses também não são estranhos a bebidas mais fortes — sem contar o uísque. A sua forte Scotch Ale é bastante respeitada em outros países, mais notoriamente na Bélgica.

Dito isso, os produtores escoceses também produzem cervejas menos encorpadas. Na verdade, para cada estilo de bitter inglesa que os cervejeiros produzem, existe um equivalente escocês — apesar de ainda serem mais escuras e maltadas do que a bitter. As cervejas das quais falo são chamadas de Scottish Ales (däää!) e são identificadas por uma antiga designação shilling.

CAPÍTULO 16 **Experimentando Cervejas na Europa, Ásia e Além**   187

No lado mais leve do espectro da cerveja está a 60 shilling (que é menos encorpada do que qualquer coisa fabricada por uma cervejaria comercial nos Estados Unidos), seguida da 70 shilling, o equivalente a uma bitter normal. A 80 shilling — também chamada de Export — é o equivalente de uma Best Bitter.

A Scotch Ale, mencionada anteriormente, vem como 120 shilling, mas não é referida como tal. As Scotch Ales são conhecidas localmente como Wee Heavy e são o equivalente da Caledônia às Old Ales ou Barleywines (8 a 12%) em termos de teor alcoólico.

Pegando o Gosto pela Irlanda

Ironicamente, apesar de famosa por sua maravilhosa cultura de pubs (os contos! A música!) e seus cervejeiros internacionalmente famosos, Guinness, Murphy e Beamish, a Irlanda não possui muitas cervejarias, museus e festivais, mas o que ela tem são muitos pubs — maravilhosos pubs. A dry Stout é a cerveja nacional, e as grandes marcas variam no grau de secura. Entretanto, não pense que você não poderá encontrar deliciosas ales e lagers ou que a Irlanda não vale a viagem, porque você pode e ela vale a pena. Eu lhe mostro como e onde nas próximas seções.

Fabricando a Guinness para a nação

Quando Arthur Guinness iniciou sua cervejaria, em 1759, ele não poderia nunca ter previsto os resultados de seus esforços. Sua cerveja, a venerável Stout Guinness, se tornaria a bebida nacional da Irlanda (apesar de alguns argumentarem a favor do uísque Jameson's).

LOUCOS POR CERVEJA

A cervejaria Guinness celebrou seu aniversário de 250 anos em 2009. Além de ser a bebida nacional da Irlanda, a Guinness também é fabricada em 40 países pelo mundo. Um número estimado de 10 milhões de pints de Guinness é consumido todos os dias.

Enquanto a Guinness pode fazer muito bem para você (de acordo com um popular slogan da Guinness), ela não é essencialmente melhor do que outras Dry Stouts encontradas nas Ilhas Emerald. Ambas, a Murphy's (estabelecida em 1792) e a Beamish (estabelecida em 1883), emanam do condado de Cork e acompanham carne de lata e repolho igualmente bem.

Indo além da tradicional Dry Stout

Outro estilo de cerveja é atribuído à Irlanda, apesar de estar perdendo popularidade. As *Red Ales*, como ficaram conhecidas, são cervejas maltadas de cores tipicamente acobreadas. A marca de exportação mais famosa da Irlanda — George Killian Lett — recebe o crédito por ter popularizado as cervejas vermelhas nos Estados Unidos nos anos 1980 e 1990.

Infelizmente, muito da herança cervejeira da Irlanda abre espaço para lagers mais populares, principalmente grandes nomes importados da Europa e Estados Unidos. A juventude irlandesa parece pouco se importar pela Stout Guinness e sua consistência "pesada".

Visitando fábricas de cerveja e pubs irlandeses

A Irlanda parece com a Inglaterra quanto à sua cultura de pub. Na verdade, a cultura de pub da Irlanda pode ser até mais enraizada. Antes de caminhar além das montanhas Wicklow, certifique-se de ficar um pouco mais em Dublin e saborear seus deleites cervejeiros.

Uma viagem a Dublin (e, francamente, uma viagem à Irlanda) não está completa sem uma parada na cervejaria Guinness. Estabelecida em 1759, a Guinness St. James Gate Brewery produz a melhor Dry Stout do mundo. Dê uma olhada no museu da Guinness para a história da fabricação de cerveja na Irlanda, propagandas de cerveja, equipamentos de fabricação, ferramentas de tanoeiros e amostras grátis de Guinness.

Os pub crawls são feitos com grande estilo. Com conselhos dos moradores locais, você pode improvisar um roteiro de música irlandesa tradicional; atores interpretando O'Casey, Beckett, Yeats, Joyce, Behand e outros visionários irlandeses, com um pouquinho de informações sobre os costumes locais bem dosadas, eles conduzem o Pub Crawl Literário.

Bebendo Cerveja na Bélgica

A Bélgica é o paraíso dos exploradores da cerveja. A cerveja é a fonte da fama da Bélgica (nos olhos dos amantes da cerveja), assim como o vinho é para a França. Com mais de 100 cervejarias (e quase dez vezes mais do que isso algumas gerações atrás) em um país de 10 milhões de habitantes, você pode ver por quê. Os cervejeiros produzem mais de 50 estilos definitivos, em mais de 10 vezes o número de marcas, incluindo mais cervejas especiais do que qualquer outra nação.

DICA

A gastronomia belga, diferentemente de sua história e sociologia, é lendária entre as nações europeias, talvez chegando perto da alta culinária francesa. Estrelando pratos feitos com cerveja ou para serem combinados com cerveja, a *cuisine a la bière* é uma especialidade belga que não pode ser perdida. Definitivamente, procure-a.

Os cervejeiros belgas continuam a produzir estilos de cervejas desenvolvidos ao longo de séculos — alguns ainda usando cepas de leveduras descendentes diretas das originais. Alguns desses estilos de cerveja são nativos da Bélgica e não são feitos em nenhum outro lugar do mundo; outros são imitados em alguns lugares, muitas vezes com resultados surpreendentes. De qualquer maneira, isso merece uma viagem para experimentar a cerveja local, feita e tirada fresca, seja em uma cervejaria de mais de um século, nas abadias Trapistas ou em um Café de cerveja, que discutirei nas próximas seções. A cerveja é geralmente servida em copos apropriados, uma atração interessante e impressionante em si.

Rastreando cervejas seculares

Assim como as cervejas que fabricam, muitos cervejeiros belgas são antiquados. As cervejarias seculares são como museus. Alguns cervejeiros se recusam a limpar as teias de aranha, dizendo que não querem perturbar as aranhas e a própria essência da cervejaria.

Tendo muito em comum com as regiões produtoras de vinho na França, a Bélgica possui as próprias regiões de cerveja. O que você encontrará localmente depende muito de em que parte da Bélgica você está. É claro, se estiver em Bruxelas ou outra área metropolitana, você não deve ter muita dificuldade em encontrar a maioria das cervejas especiais belgas, mas se estiver viajando pelo interior, aí se torna uma coisa regional. Felizmente, para os fãs da cerveja Trapista, os mosteiros Trapistas são bem espaçados no norte e sul do país (veja a próxima seção).

Se você gosta das azedas Red Ales, vá para o oeste entrando em Flandres; se a Oud Bruin é sua praia, vá para Oudenaarde. As cervejas Lambic podem ser encontradas no sudoeste de Bruxelas, e fãs da Witbier deveriam experimentá-la em sua fonte, em Hoegaarden (leste de Bruxelas). (Para mais informações sobre esses estilos de cerveja, veja o Capítulo 4.)

Comercializando as cervejas Trapistas e as Abadias

Seis legítimas cervejarias Trapistas — significando que a cerveja é fabricada em uma cervejaria dentro de um mosteiro Trapista e/ou por monges Trapistas — existem na Bélgica. Apenas cervejas fabricadas em uma dessas seis cervejarias podem ser legalmente comercializadas como cerveja Trapista. (Existe uma sétima cervejaria Trapista na Europa — Konigshoeven —, mas ela fica na fronteira da Bélgica com a Holanda.)

Entretanto, diversas cervejarias seculares fabricam cervejas parecidas com as Trapistas, ou as fabricam sob licença dos monastérios que não têm instalações para sua fabricação. Essas cervejarias estão limitadas à comercialização de suas cervejas, como *Abby*, *Abbey*, *Abbaye*, *Abdij* ou outras escritas similares. Não se engane com nomes tipo St. Feuillien.

Conhecendo as Cervejas da República Tcheca

Os tchecos bebem mais cerveja *per capita* do que qualquer outra população no mundo. E, como na Alemanha, a cerveja produzida localmente é encontrada em quase todas as cidades tchecas. Lembre-se de que a República Tcheca é um país produtor de lagers (afinal, foi lá que nasceu a Pilsner), portanto, qualquer pessoa sedenta por ales vai se decepcionar. Mas, se você ama lagers, as cervejas desse país, das claras às escuras e pretas (que vou discutir nas próximas seções), certamente irão aguçar seu paladar.

Visitando o lugar de nascimento da Pilsner

Antes de 1842, a Pilsner não existia. A cervejaria Urquell, em Plzen (Pilsen), introduziu a primeira lager de cor dourada no mundo — e o mundo nunca mais foi o mesmo. Acredita-se que 80% de toda a cerveja fabricada no mundo hoje deriva do estilo Pilsner.

Experimentando outras cervejas tchecas

Apesar da República Tcheca — e especialmente a região da Boêmia — estar para sempre ligada à cerveja Pilsner, esse país tem uma longa e celebrada história de fabricação de cerveja antes da primeira Pilsner ser produzida. Longa e celebrada história, mas não necessariamente variada.

O que você pode esperar encontrar é uma progressão de lagers claras (*svetlé*) e escuras (*tmavé*) de diferentes teores alcoólicos. Não diferente das Bitters britânicas ou das Scottish Ales, as cervejas tchecas são geralmente ordenadas pelo teor alcoólico, como indicam seus graus Balling (que é uma medida de gravidade ou densidade no dia em que a cerveja é fabricada). Uma cerveja com uma gravidade de 11 a 12 graus Balling tem um teor alcoólico de 4,5 a 5%; uma cerveja com gravidade entre 13 e 20 graus Balling tem teor alcoólico entre 5,5 e 7,5%.

Perto das festividades do inverno, os cervejeiros introduzem uma cerveja preta especial (*cerné*), que é marginalmente mais escura do que as cervejas escuras regulares. E, sim, ela é uma lager.

Encontrando Cervejas de Destaque em Outros Cantos do Mundo

Um sério explorador de cervejas não precisa parar nos principais países produtores. Outros países também possuem muitas descobertas, apesar de que, devido à lealdade do povo local às suas cervejas favoritas, encontrar cervejas diferentes pode ser mais difícil. Enquanto você descobre as cervejarias e museus de outros países, certifique-se de perguntar sobre grupos de amantes de cerveja para saber dicas sobre bares especializados ou festivais de cerveja.

Áustria

Um estilo inteiro de cerveja — a Vienna Lager — é atribuído à velha Viena, que possui uma dúzia de pubs cervejeiros maravilhosos, mas apenas uma cervejaria em produção — Ottakringer. Por todo o país, as cervejarias são conhecidas por operarem ótimos restaurantes também. A cozinha é tipicamente tirolesa (bastante parecida com a da Baviera), com bastante carne e amido — em outras palavras, ótima comida para se tomar cerveja!

Como na Alemanha, Bélgica e Grã-Bretanha, muitas cidades pequenas da Áustria têm suas cervejarias locais (mas não tão numerosas quanto na Alemanha).

Dinamarca

A Dinamarca não é tão conhecida por sua produção e exportação de cervejas, mas isso não significa que não há experiências cervejeiras a serem saboreadas lá. A Dinamarca, simplesmente, tem a infelicidade de ficar na sombra de seu vizinho ao sul (Alemanha).

A cervejaria Carlsberg (localizada em Copenhague) é a maior da Dinamarca e é local de muito estudo e desenvolvimento do estilo de cerveja lager. Um século de história de fabricação de cerveja dinamarquesa é exibido aqui; o tour autoguiado inclui algumas amostras grátis.

Holanda

A cerveja holandesa é popularizada por talvez sua menos interessante marca, a Heineken. É uma pena, considerando tudo o que os cervejeiros holandeses têm a oferecer. O povo holandês também gosta muito de cerveja e importa uma grande variedade de cervejas do mundo todo. Aqui estão alguns lugares que você precisa conhecer se um dia estiver na Holanda:

- » **Amsterdam:** A Heineken é uma das maiores cervejarias do mundo e um tour na cervejaria é muito divertido (a instalação principal, fora de Amsterdam, é a maior cervejaria da Europa).

- » **Brewery De Konigshoeven (Berkel-Enschot):** A única cerveja Trapista produzida fora da Bélgica é fabricada na Abadia de Konigshoeven (*Abdij* em holandês) e vendida sob o nome de La Trappe na Europa. Nos Estados Unidos e Canadá, essas cervejas são comercializadas como Konigshoeven Trappist Ales.

Noruega

A fabricação de cerveja na Noruega tem mais de mil anos e, até alguns séculos atrás, uma tradição de fabricação rural persistiu. Infelizmente, a maioria das cervejas norueguesas ficou para a história. Hoje em dia, grandes cervejarias como a Carlsberg-Ringnes e Hansa-Borg dominam o mercado.

No lado positivo, a cerveja artesanal chegou a esse gelado país, com microcervejarias estabelecidas em Oslo (Oslo Mikrobryggeri) e Grimstad (Nogne O). A Aass (pronunciada *ohss*) Bryggeri (cervejaria), em Drammen, Noruega, possui uma excelente variedade de estilos de cervejas de qualidade.

Austrália e Nova Zelândia

Os australianos são notórios por seu alto consumo *per capita*, que está a par com os alemães e tchecos. Isso não deveria ser uma surpresa para um país quente e árido com vasto passado fronteiriço. Os australianos preferem sua cerveja muito gelada (eles provavelmente não recebem muitas reclamações dos visitantes norte-americanos), que é uma das razões de os bares australianos servirem a cerveja em copos pequenos: ela pode ser bebida mais rapidamente sem sofrer perda de temperatura.

Locais notáveis na Austrália incluem numerosos pubs cervejeiros. Como é de se esperar, esses pubs tendem a se concentrar dentro e em volta dos centros metropolitanos de Sydney, Melbourne e Perth.

A Nova Zelândia é o paraíso do amante da cerveja. Não só a cerveja é a bebida mais popular da Nova Zelândia, como também é produzida em uma ampla variedade de estilos. Apesar de o mercado ser dominado pelas duas maiores cervejarias do país (Lion Nathan e DB Breweries), a Nova Zelândia possui microcervejarias (15) e pubs cervejeiros (18) também, a maioria centrada em Auckland, Christchurch, Nelson e Wellington.

Se você estiver em Auckland, Nova Zelândia, no final de março, compre um ticket para o New Zealand Beer Festival. Essa celebração neozelandesa estrela mais de 70 cervejas de algumas dezenas de cervejarias.

Japão

Por toda a Ásia, a influência alemã na fabricação é inconfundível, e as lagers leves predominam. Os grandes cervejeiros japoneses famosos internacionalmente possuem jardins de cerveja (Sapporo tem o mais famoso) e pubs temáticos, e cada vez mais bares estão abrindo, com grandes seleções de cervejas internacionais, estrelando microcervejarias norte-americanas e belgas. A fabricação caseira também está pegando, assim como microcervejarias e pubs cervejeiros. E não se esqueça de que os japoneses têm fabricado cerveja há muito tempo: o *saquê* é, na verdade, uma cerveja feita inteiramente de arroz.

Brasil

O Brasil é o quarto maior mercado de cerveja do mundo em volume de produção, apesar do consumo *per capita* ser de apenas um terço do consumo da República Tcheca, por exemplo, que são os maiores consumidores de cerveja do mundo. O Brasil é sede da Ambev, cervejaria que nasceu da fusão das tradicionais Brahma, Antarctica, Skol/Caracu e Bohemia, e pertence ao maior conglomerado cervejeiro do mundo, a Anheuser-Busch InBev, união das cervejarias Anheuser-Busch norte-americana (produtora da Budweiser) e da Interbrew, de origem belga, produtora da Stella Artois e que tem vários rótulos internacionais conhecidos em seu portfólio. Grandes cervejarias e grupos dividem o mercado com a Ambev, principalmente a Heineken, que comprou a Kaiser; a Brasil Kirin, que adquiriu a Schincariol, e a Cervejaria Petrópolis, produtora da Itaipava, entre outros rótulos. Além das megacervejarias, o Brasil já possui cerca de 200 microcervejarias espalhadas principalmente nas regiões Sul e Sudeste do país, e vários bares, lojas e cervejarias especializadas em cerveja artesanal nas principais capitais do país.

NESTE CAPÍTULO

» Preparando-se para jornadas cervejeiras

» Planejando suas férias em função da cerveja

Capítulo **17**

Embarcando em Viagens e Excursões Cervejeiras

Nem toda cerveja é consumida em casa ou no seu pub ou bar local. Às vezes, você tem que sair e procurar novas e excitantes cervejas, seja em um tour com um grupo ou sozinho. A boa notícia é que fazer isso está se tornando mais fácil, especialmente se você está tirando férias. Neste capítulo, destaco algumas das melhores e mais fáceis maneiras de planejar sua viagem cervejeira.

Tenha Algumas Dicas Cervejeiras em Mente Antes de Sair de Casa

Nos dias atuais, os amantes da cerveja não precisam ir muito longe para encontrar boa cerveja — pelo menos não tão longe quanto era necessário algumas décadas atrás. Esse fácil acesso à boa cerveja sempre foi uma realidade no caso da Europa e agora também se torna realidade na América do Norte, Austrália e Nova Zelândia. (Em outras partes do mundo, entretanto, encontrar uma boa cerveja pode ser um pouco mais difícil, mas as recompensas líquidas, como sempre, valem o esforço.)

DICA

Se você é novo na experiência de cervejas artesanais, pode não estar ciente das ótimas oportunidades de degustação bem na sua área. Porém, uma simples olhada nos negócios locais pode facilmente lhe mostrar o caminho certo. O Capítulo 15 mostra alguns lugares para experimentar na América do Norte, como bares de cerveja, pubs cervejeiros e mais. É claro, nada funciona melhor do que o bom e velho boca a boca.

Buscar experiências com cerveja longe de casa envolve muito esforço e investigação. Felizmente, como as pessoas agora moram em uma comunidade global e possuem acesso a informações atualizadas, planejar uma viagem da cerveja muitos quilômetros de casa é bem fácil.

LEMBRE-SE

Aqui estão algumas ideias e sugestões para se considerar se você pretende embarcar em uma viagem séria sobre cervejas — especialmente fora do país:

» Planeje o máximo que puder. Após decidir para onde vai, descubra quais oportunidades cervejeiras existem dentro e em volta do seu destino. Considere quais cervejarias estão lá e quais tours são oferecidos e se há necessidade de reservas. Aprenda sobre a cultura local de pubs e tavernas, e descubra onde você pode experimentar uma grande variedade de cervejas — e comer alguma coisa, também. Considere comprar um (ou mais) guia de cerveja publicado.

» **Aprenda sobre as leis e costumes locais:**

- O álcool pode ser proibido em certos países, ou até em condados (nos Estados Unidos).
- A cerveja pode não estar disponível para comprar durante certas horas do dia e em alguns dias da semana.
- Os pubs e tavernas podem ter horários inusitados e inconvenientes em certos dias da semana.
- A idade permitida para beber pode ser menor do que você imagina, permitindo que um amigo ou familiar mais jovem o acompanhe na sua jornada.
- Preste atenção nas penalizações para intoxicação pública ou de direção sob a influência do álcool, elas podem ser particularmente severas em alguns países, incluindo até o encarceramento.

» Antes de sair de casa, entre em contato (pelo menos através do e-mail) com as cervejarias ou locais relacionados nos seus planos. Você deve ter certeza de que eles estarão abertos na data e hora de sua visita.

» Leve uma câmera para registrar seu tour ou visita. Dependendo de onde estiver, você deve perguntar se pode fazer fotos.

» Leve materiais para escrever. Tomar notas, especialmente das degustações de cerveja, é muito útil. Quanto mais cervejas você experimenta, mais difícil fica de se lembrar.

» Colecione e guarde cartões de visita, porta-copos e outras lembranças grátis de sua viagem. Elas o ajudaram a lembrar-se de onde você esteve e do que experimentou.

Colocando a Cerveja em Suas Aventuras de Férias

Naturalmente, as pessoas planejam suas férias de acordo com seus interesses pessoais, seja mergulhar no Caribe, caminhadas nas Cotswolds ou observação de pássaros na Costa Rica. E o tio Fred, que gosta de provar cervejas diferentes? Bem, existe um lugar só para ele, também.

Por acaso, muitos destinos cervejeiros importantes estão em destinos turísticos populares e desejáveis pelo mundo, tornando essas jornadas muito interessantes e convidativas para todos os envolvidos. (Minha esposa e filhos, hoje já mais velhos, foram arrastados para mais tours em cervejarias do que podem se lembrar, mas esses tours eram sempre no caminho de um parque nacional ou parque de diversões. Eu juro!)

Todos juntos agora: Indo com grupos de excursão

Planejar férias específicas sobre cerveja tem se tornado mais fácil — e comum — graças à proliferação de empresas turísticas que se especializam nesse tipo de coisa. A beleza é não ter que organizar tudo sozinho. Além do mais, essas férias são lideradas por especialistas (na indústria turística, se não na cervejeira) que garantem que cada detalhe da viagem esteja organizado.

As próximas seções oferecem uma lista de algumas opções de férias da cerveja por aí, e esta lista não é de maneira alguma exaustiva. Até o mais viajado explorador da cerveja é capaz de encontrar uma viagem interessante aqui.

Viajando pela Europa

A BeerTrips.com (www.beertrips.com) oferece itinerários relaxantes, que permitem bastante tempo para sua própria exploração. Aqui estão alguns tours organizados pela BeerTrips.com na Europa:

- Farmhouse Ales, da Bélgica e França
- A República Tcheca: Cervejarias Independentes e Locais de Patrimônio Mundial
- Cerveja e Culinária do Norte da Itália
- Praga, Munique e Bamberg
- As Grandes Cervejas da Bélgica
- Cerveja de Inverno: Bruges e Londres
- Festival Zythos Belgian Beer
- Alemanha: Colônia, Bamberg e Fruehlingfest, em Munique

A Belgian Beer Me! (www.belgianbeerme.com) faz tours em um único país (adivinhe qual), mas os tours são extensivos. Aqui estão quatro dos tours anuais liderados pela Belgian Beer Me!

- O melhor tour das Farmhouse Ales, na Bélgica e França
- O tour dos monges Trapistas solitários, na Bélgica e Holanda
- O tour do Festival de Natal de Essen, na Bélgica
- O grande tour do Zythos Beer Festival, da Bélgica

Conhecendo as Excursões de Cervejarias

Os tours de cervejarias são uma das poucas maneiras como as pessoas podem experimentar cervejas de graça (ou quase de graça) e receber uma rápida noção sobre os processos de fabricação, tudo na mesma tarde. E, mais, os tours de cervejarias não são novidade — as grandes cervejarias os vêm fazendo há anos como parte de seus programas de relacionamento com os consumidores (a Anheuser-Busch possui até um ícone nacional, os estábulos dos cavalos Clydesdales), e a paixão dos donos de microcervejarias e pubs cervejeiros é tão grande que o tour é uma aposta certa de diversão.

Cada uma das grandes e nacionalmente conhecidas cervejarias possui tours agendados e em multimídia que eventualmente desembocam em salas espaçosas e confortáveis de degustação, certos de incluírem também uma loja de presentes na esperança de que você se sinta obrigado a comprar algo em agradecimento à hospitalidade deles. Alguns cervejeiros regionais possuem tours de vários tipos, enquanto outros não se importam (ou não podem fazer tours por motivos de seguros).

As coisas são mais casuais no nível das microcervejarias. Uma ligação prévia geralmente é o suficiente para você entrar. Os pubs cervejeiros requerem apenas uma boa lábia da parte do cervejeiro e do consumidor (e um momento que o cervejeiro não esteja muito ocupado). Em alguns casos, tudo o que você precisa fazer para ver o processo de fabricação em operação é dar uma leve viradinha no banco do bar (meu tipo de exercício).

DICA

Nesses lugares menores, dada a natureza da indústria, você provavelmente será capaz de conhecer o mestre-cervejeiro, a equipe de manutenção, o proprietário e o presidente, tudo de uma vez só. Você não encontrará melhor oportunidade de aprender sobre a parte mais íntima da fabricação, e o entusiasmo com esse tipo de ofício pode ser contagiante. Mas, cuidado — você pode se pegar ajudando na limpeza!

> **NESTE CAPÍTULO**
>
> » Colocando as mãos no equipamento certo
> » Higienizando seu equipamento
> » Fazendo, fermentando, envasando e mantendo seus registros

Capítulo **18**

Fabricando Cerveja em Casa

Uma das perguntas recorrentes sobre a fabricação caseira é: "Por que eu me daria ao trabalho de fabricar cerveja se posso comprar minha cerveja favorita no mercado?" Após 25 anos de fabricação caseira, de escrever diversos artigos sobre o assunto, dar aulas ocasionais sobre fabricação e fazer dois vídeos sobre o tema, posso lhe oferecer várias boas respostas para essa pergunta.

» Primeiro, a cerveja caseira pode ser tão boa quanto a comercial, ou até melhor, com tantos sabores e características quanto as cervejas artesanais. Apesar de a inspiração original para a produção caseira ter sido evitar as cervejas muito comerciais, imitar sua cerveja artesanal favorita virou agora o motivo principal para adotar esse hobby.

» Segundo, se você sabe cozinhar, sabe fazer cerveja (com extrato de malte comprado em lojas). É fácil!

> » Terceiro, com experiência e prática, você pode fazer qualquer estilo de cerveja que quiser.

Aqui estão algumas outras razões pelas quais as pessoas cozinham suas cervejas no fogão:

- » Participar da moda do "faça você mesmo" a cerveja caseira — que outro hobby permite que você beba os frutos de seu trabalho? (Ok, talvez plantar maçãs para cidra ou uvas para o vinho.)
- » Produzir cervejas comparáveis às cervejas artesanais difíceis de encontrar e as mais caras cervejas importadas do mundo.
- » Ganhar prêmios em competições de produção caseira.
- » Compartilhar a produção caseira como um passatempo divertido com amigos e familiares.
- » Treinar para quando você abrir a própria microcervejaria.

Escrevi este capítulo para aqueles que nunca fabricaram a própria cerveja e querem saber sobre as ferramentas essenciais e procedimentos necessários para uma produção simples, sem frescura, de uma cerveja à base de extrato de malte.

Dando os Primeiros Passos na Fabricação Caseira

Novos fabricantes caseiros e seu hobby não são diferentes dos outros: eles estão loucos (espumando pela boca?) para começar seus hobbies. Apesar de esse entusiasmo ser bom, pular de cabeça no desconhecido não é. Nas próximas seções, explico onde você pode comprar os suprimentos. Também listo os equipamentos e ingredientes de que precisa para começar a fabricação.

DICA

Se você quer testar a fabricação caseira, mas sem compromisso — o que, eu, fugindo de compromisso? — visite um *Brew On Premise* (BOP), onde poderá usar os equipamentos, receitas e ingredientes do local. Os BOPs não são tão comuns, portanto, a probabilidade de você encontrar um é pequena. Uma pesquisa na internet confirmará tal realidade.[1]

Comprando suprimentos[2]

Antes de começar a comprar os materiais de produção caseira, localize seu fornecedor local de materiais para produção caseira. Comece com uma busca na internet por "Equipamentos e Materiais para Produção Caseira de Cerveja". Ligue ou passe na loja para pedir um catálogo e lista de preços se a loja tiver. Olhe os equipamentos e materiais e faça perguntas sobre o estoque, principalmente de ingredientes.

Se você não tem a sorte de ter uma loja local, pode comprar pela internet. Uma rápida busca por "materiais para produção caseira" lhe mostra uma ampla variedade de fontes.

Potes, baldes, escovas e afins

O que você precisa para começar não é exótico. As próximas seções listam o mínimo necessário e recomendam ferramentas não essenciais, mas que poupam tempo. Esqueça todas as noções preconcebidas sobre panelas de fervura de cobre brilhosas e chillers ocupando a cozinha inteira ou enormes tinas de madeira borbulhando no porão — esses são produtos de uma imaginação fértil. O processo todo é muito mais parecido com assar pão.

---

1 N.E.: Associação Americana de Produtores Caseiros.

2 N.E.: No Brasil, muitos dos suprimentos listados nessa seção só podem ser adquiridos via encomenda, pois não são fabricados no país. Em virtude disso, os valores nessa seção foram mantidos em dólar (US$).

DICA

Kits para iniciantes, encontrados em sua loja local de equipamentos (ou na internet), variam entre os mais básicos até os de qualidade top de linha. Você pode encontrar bons kits por menos de US$200. Antes de comprar um kit, considere suas necessidades e o quanto está disposto a gastar. As próximas seções listam os itens necessários com descrições e preços aproximados.

Airlock

Um airlock é uma maneira barata e eficiente de permitir que o dióxido de carbono escape do balde fermentador sem deixar que nenhum ar entre e sem comprometer o fechamento hermético da tampa. Essa engenhoca de três peças possui uma peça cilíndrica externa com uma haste em forma de tubo, uma peça interna flutuante que se parece com um copo invertido, e uma tampa para encaixar na parte cilíndrica. Um outro equipamento parecido, chamado de *bubbler*, é um dispositivo com dois compartimentos que funciona com o mesmo princípio. A diferença é que um airlock pode ser facilmente limpo e higienizado por dentro; enquanto o bubbler totalmente fechado, não. *Custo*: US$2 ou menos.

Escova de garrafa

Uma escova de garrafa é um equipamento importante. Você precisa de uma escova com cerdas moles para limpar adequadamente as garrafas antes de as encher. *Custo*: US$4.

Fixador de tampinhas

Um fixador de tampinhas fixa as tampinhas nas garrafas enchidas. Eles vêm em todos os tamanhos, formatos e preços. A maioria funciona igualmente bem, mas sugiro que você escolha o do tipo *bench* e não de *duas alças*, apesar do tipo bench custar mais caro. Um fixador do tipo bench tem pés que podem ser acoplados em superfícies como bancadas, deixando uma das mãos livre para segurar firme a garrafa. Os fixadores com duas alças podem ser complicados de usar se nada estiver segurando a garrafa firmemente. *Custo*: US$12 (duas alças) a US$35 (tipo bench).

Lavador de garrafas

Um lavador de garrafas é um aparato de cobre curvado ligado a uma torneira. Ele funciona como um dispositivo de spray para a parte de dentro das garrafas — uma conveniência adicional para se limpar garrafas. Não é uma necessidade; mas, pelo preço, você bem que deveria tirar vantagem dele. *Custo*: US$15.

DICA

Se comprar um limpador de garrafas, preste atenção em qual torneira da casa você vai usar. Algumas torneiras possuem roscas maiores; outros tipos, como a do banheiro e da cozinha, possuem roscas menores e requerem um adaptador. Certifique-se de que o limpador de garrafas e qualquer adaptador que você comprar tenha uma junta de borracha acoplada.

Garrafas

Procure garrafas pesadas, retornáveis e não rosqueadas (uma tampinha não vai selar totalmente sobre as roscas). Você precisa das seguintes quantidades para 20 litros de cerveja: 57 garrafas de 355ml, 43 garrafas de 473ml ou qualquer combinação que some até 20 litros. As *bombers* (garrafas de 650ml) são populares com os fabricantes caseiros. *Custo*: Custo do depósito do revendedor, ou até US$28 por caixa se compradas, dependendo do estilo.

DICA

Você pode comprar novas garrafas do seu revendedor de materiais, mas garrafas usadas de cervejarias comerciais são muito mais baratas — apesar de estarem se tornando cada vez mais raras. Descubra se o seu distribuidor de bebidas vende garrafas retornáveis de cerveja (não as baratas, do tipo recicláveis). Se sim, compre alguns engradados, beba a cerveja, e *voilà* — você tem 48 garrafas (sem contar a bexiga inchada) simples assim pelo custo de um depósito.

CAPÍTULO 18 **Fabricando Cerveja em Casa**   209

Uma alternativa (cara) é comprar garrafas do tipo de tampa hermética (também chamadas de *garrafas Grolsch*, devido à cerveja holandesa que as popularizou). A vantagem dessas garrafas é que você não precisa comprar tampinhas e nem seu fixador; a desvantagem (além do gasto inicial) é que os selos de borracha acabam se desgastando. Essas garrafas também requerem mais atenção na hora da limpeza do que as outras, e não são permitidas na maioria das competições de cervejas caseiras.

Balde de envasamento

Você precisa de um recipiente plástico HDPE[3] (Polietileno de Alta Densidade — plástico próprio para alimentos) no dia do envasamento. Ele não requer uma tampa, mas é consideravelmente mais eficiente se tiver uma torneira removível na parte de baixo. O recipiente de plástico também é chamado de *recipiente de priming*, porque sua cerveja fermentada recebe o *priming* com açúcar de milho (dextrose) logo antes do envasamento (um processo discutido com mais detalhes mais tarde neste capítulo). *Custo*: US$14.

Válvula de enchimento de garrafas

É um tubo longo, de plástico duro, com uma válvula na ponta. Ela se acopla à mangueira de plástico (que se acopla à mangueira do *balde de envasamento*, ou tubo); o tubo é inserido nas garrafas para enchimento. *Custo*: US$3.

Pá cervejeira

Uma pá cervejeira é uma colher de plástico ou de aço inoxidável com um cabo longo — 45cm ou mais. Nunca use colheres de pau: elas são difíceis de lavar apropriadamente. Use suas pás cervejeiras apenas na fabricação de cerveja. *Custo*: US$4 (plástico) a US$8 (aço inoxidável).

---

3 N.E.: *high-density polyethylene.*

Panela de fervura

Uma panela de fervura é uma panela de metal em aço inoxidável, alumínio ou esmaltada. Sua panela de fervura deve ter uma capacidade mínima de 18 litros, porque quanto mais *mosto* (cerveja não fermentada) você ferver melhor será o resultado final. Uma antiga panela esmaltada e barata também funciona, desde que o esmalte não esteja descascando. *Custo*: US$25 ou mais.

Mangueira plástica flexível

Uma mangueira plástica flexível é um equipamento importante e multifuncional usado para transferir a cerveja de um balde para outro ou de balde para garrafa. Certifique-se de mantê-la limpa e intacta. Você precisa de pelo menos 90cm de mangueira, mais do que 120cm vira uma aporrinhação. *Custo*: US$0,50 a US$0,70 por cada 30cm.

Balde de fermentação primária

Um balde de fermentação primária é um balde de plástico onde se despeja o mosto resfriado logo após o processo de cozimento (brassagem). Ele precisa ser hermeticamente fechado durante o processo de fermentação. Precisa ter capacidade de 26 litros para acomodar um lote de 19 litros de cerveja e ainda ter espaço para borbulhar vigorosamente e para a espuma que a levedura cria ao fermentar. *Custo*: US$18 com tampa.

Recomendo plástico em vez de vidro para o balde de fermentação porque o plástico é muito mais fácil de limpar e é inquebrável. Os plásticos usados na fabricação caseira são da mesma qualidade e padrão dos plásticos usados na indústria alimentícia (plásticos HDPE). Esses plásticos, diferentemente dos de grau inferior, restringem — o suficiente, mas não completamente — transferências gasosas através do plástico.

DICA

Para facilitar o uso, você pode comprar baldes de fermentação com torneiras plásticas removíveis. Se seu balde de fermentação não tem uma torneira, você precisará de um *sifão* para tirar a cerveja do balde. Certifique-se de que sua torneira se encaixa no sifão.

Anel de vedação

O anel de vedação se encaixa no airlock ou no bubbler agindo como um selador quando o airlock é inserido no buraco da tampa do balde fermentador. Esses anéis são medidos por números (por exemplo, anel de vedação 3). Compre um anel de vedação que caiba na abertura da tampa do balde de fermentação; seu revendedor de equipamentos saberá do que você precisa. *Custo*: US$2 ou menos.

Hidrômetro de tripla escala

Um hidrômetro de tripla escala é um aparelho usado para determinar a gravidade de sua cerveja, que, por sua vez, permite calcular o conteúdo alcoólico. Ele é fácil de usar e não é muito caro. Sugiro que aprenda a usar um se quiser progredir na produção caseira. Também se certifique de comprar um *cilindro* plástico para colocar a amostra para o teste. *Custo*: aproximadamente US$15 para os dois.

Um *hidrômetro* — seja ele de escala tripla ou não — é um instrumento de medição frágil, usado somente para determinar a densidade de líquidos. Quando a ponta com peso é submersa, a haste calibrada projeta-se para fora do líquido em uma altura determinada por sua densidade; essa altura é que dá a leitura. Para mais informações sobre a leitura do hidrômetro, veja a seção adiante "Preparar, avançar e cozinhar!".

Ingredientes da cerveja

Ok, você tem suas panelas, baldes, tubos, colheres e tudo o mais. Seguir em frente e comprar ingredientes para seu primeiro lote de cerveja é fácil, quase ridículo. Você vai a uma loja de produtos para fabricação caseira ou preenche um pedido pela internet e compra um kit de extrato (uma lata ou saco de extrato de malte), lúpulos, um pacote de levedura, açúcar de milho (*dextrose* — mínimo 2/3 de um copo) e tampinhas (tipo coroa) para 50 ou 60 garrafas. Pronto. É só isso! (Não se preocupe com a receita, todos os kits de cerveja incluem receitas.)

Kit de extratos (extrato de malte e levedura)

A cerveja que você vai fazer é de *kit* — sem grãos, sem bagunça, sem aporrinhação. Um kit cervejeiro vem completo, com o próprio pacote de levedura seca, e é vendido especificado por estilo de cerveja. Ao fazer cerveja a partir de um kit, sua única decisão é qual o estilo de cerveja você quer produzir. O extrato líquido de malte (xarope) vem em uma variedade de cores e sabores, claramente rotulados de acordo com o estilo de cerveja que produzirá.

DICA

Uma lata típica de extrato líquido de malte pesa 1,4kg. Para uma cerveja bem encorpada e saborosa, compre duas latas de 1,4kg para fazer um lote de cerveja (19 litros). O extrato líquido de malte também é, às vezes, empacotado em sacos, que são vendidos por quilo.

PAPO DE ESPECIALISTA

A estranha medida — para os padrões norte-americanos — de 3,3 libras (1,5kg) se deve ao fato de os britânicos serem pioneiros na indústria de produção e extração do malte. A maioria dos kits no mercado é do Reino Unido, onde, convertida em 1,5kg, uma lata de 3,3 libras é o tamanho padrão.

Ao comprar kits de fabricação caseira, a você não é dada nenhuma escolha em relação a como o malte é embalado; só para não ser pego de surpresa, você deve saber que o extrato de malte também é vendido de forma seca (veja o box "Extrato seco de malte versus xarope líquido de malte" para detalhes). À medida que progride nesse hobby, as chances são de que você preferirá o extrato de malte seco.

Aqui estão algumas dicas para lembrar ao comprar seu kit:

DICA

> » Pelo amor da realidade e autenticidade, fique com um kit de ale. Cervejas do tipo lager são impossíveis de se fazer no nível iniciante.
>
> » Apenas para rir, leia as instruções incluídas no kit. Se pedirem grandes quantidades de açúcar (de cana) branco (muito parecido com a era de fabricação caseira durante a proibição), ignore-as. Siga as minhas instruções e você se sairá bem. Confie em mim! (A propósito, eu já disse que tenho uma ponte para vender?)

Lúpulos

Os lúpulos estão disponíveis em muitas variedades diferentes; eles são escolhidos de acordo com o estilo de cerveja que seu kit foi desenvolvido para produzir. Os lúpulos são geralmente empacotados em medidas de 28g, dependendo do estilo de cerveja, seu kit pode incluir diferentes variedades de lúpulos.

Levedura

A levedura também está disponível em diversos tipos; elas também são escolhidas de acordo com o estilo de cerveja que o kit foi feito para produzir. A levedura encontrada nos kits de cerveja é seca e empacotada em pequenos pacotes. Saiba que produtos à base de levedura líquida também estão disponíveis, mas não são tipicamente encontrados nos kits porque os produtos de levedura líquida precisam ser mantidos refrigerados.

Açúcar

No momento de envasamento, você precisará de um açúcar chamado *dextrose*, ou *açúcar de milho*. Esse açúcar altamente refinado é usado para o *priming* da cerveja feito logo antes de a mesma ser envasada. O *priming* é o procedimento pelo qual uma medida de açúcar de milho é misturada à cerveja já fermentada visando criar a carbonatação na garrafa (veja a seção mais à frente "Engarrafando!"). A dextrose não é cara e pode ser adquirida em qualquer volume, apesar de muitos revendedores a venderem em montantes pré-empacotados. Para um lote de 19 litros, você precisa de ¾ de um copo de açúcar de milho para a preparação — nem mais nem menos.

Água

A água é o ingrediente que consiste da maior parte de sua cerveja, mas é muitas vezes desmerecida. Recomendo água mineral em vez de água da torneira — se você não tem certeza da qualidade da água da sua torneira. A água da torneira pode apresentar vários problemas, incluindo os seguintes:

» Se a água que você estiver usando para a fabricação vem de um poço subterrâneo, as chances são de que seja rica em ferro e outros minerais com sabor.

» Se sua água é suavizada — ou seja, teve o excesso de cálcio e de metais pesados retirado —, provavelmente é rica em sódio.

» Se sua água é fornecida por uma empresa, pública ou privada, pode ser rica em cloro. O cloro é volátil e pode facilmente ser fervido e evaporado, mas você teria que ferver todos os 19 litros — uma tarefa assustadora. O cloro também pode ser filtrado ou, se deixado em um contêiner aberto por 24 horas, o cloro eventualmente evaporará da água.

Tampinhas

As tampinhas de garrafa são algumas vezes vendidas em pacotes (60 tampinhas, que são suficientes para 57 garrafas e mais umas extras), mas, normalmente, são vendidas em lotes de 144. Apesar de as tampinhas de garrafa parecerem mais um equipamento do que um ingrediente, são objetos consumidos, pois só se pode usá-las uma vez; portanto, eu as chamo de ingredientes (só não do tipo saboroso).

Vigilância Sanitária: Mantendo a Limpeza durante a Fabricação

Antes de seguirmos para o processo de fabricação em si, mais tarde neste capítulo, preciso discutir um *grande* fator na fabricação de uma boa cerveja: se você quer que sua cerveja tenha um sabor fresco e que seja bebível e deliciosa, você precisa a proteger dos milhões de micróbios famintos que esperam para dar o bote na sua cerveja. Os germes estão em todos os lugares. Eles moram com a gente e até dentro da gente. Cuidado! Olha um aí agora!

Nas próximas seções, descrevo a importância de manter seus equipamentos de fabricação limpos, os tipos de produtos disponíveis e algumas diretrizes a seguir.

A importância da esterilização e higienização

Não sei quem foi que disse que a limpeza anda junto com a divindade, mas eu estaria disposto a apostar que ele fabricava cervejas. Equipamentos escrupulosamente limpos e um ambiente de fabricação em condições impecáveis são peças-chave no processo de produção de uma boa cerveja. *Limpo* não significa só limpo com água e sabão; quando se trata de cerveja, uma séria higienização é uma necessidade. Por quê?

Fungos e bactérias, os dois vilões do mundo dos germes com os quais você precisa se preocupar quando o assunto é cerveja, são oportunistas; se você lhes der meia chance de uma refeição grátis, eles a pegam sem grandes reservas. (Você também não o faria, se fosse sua maravilhosa cerveja sendo oferecida?) É contra eles que você tem que lutar:

» Fungos consistem de esporos de mofo e levedura selvagem. A levedura da cerveja cai na categoria de fungos, mas ela é da variedade boa.

» Apenas alguns tipos de bactérias aparecem na cerveja — geralmente em cervejas espontaneamente fermentadas belgas.

LEMBRE-SE

O fungo e as bactérias prosperam em temperaturas bem quentes — geralmente até 120 graus Fahrenheit (49 graus Celsius). A atividade microbial tende a diminuir à medida que a temperatura cai, portanto, resfriar o mosto quente o mais rápido possível é imperativo. (Veja a próxima seção "Preparar, avançar e cozinhar!" para mais informações sobre essa tarefa.)

Não é possível você matar *todos* os fungos e bactérias da sua casa. A ideia é prevenir que os germes se esbaldem na sua cerveja antes de você ter a chance; se eles chegarem à cerveja antes, você pode não a querer mais.

LEMBRE-SE

Não posso enfatizar este ponto o suficiente: tudo e todos que entrarem em contato com sua cerveja *em qualquer momento* devem ser higienizados ou esterilizados.

» *Esterilização* refere-se a desinfetar itens (como a panela de fervura e os ingredientes da cerveja) através da fervura.

» *Higienizar* refere-se à limpeza e desinfecção do resto dos equipamentos usando produtos químicos.

Nota: Como a cerveja não fermentada é quente e doce, é o local ideal para reprodução dos micróbios maus. Entretanto, nenhuma das bactérias que crescem na cerveja são tão perigosas quando as *E.coli* ou *Salmonela* que aparecem em carnes não cozidas, peixe e ovos. Os germes que se reproduzem na cerveja são apenas bichinhos safados que fazem sua cerveja ficar com o gosto ruim. Os germes da cerveja não o matarão (apesar de que ter que jogar um lote inteiro de cerveja fora é capaz). Você, certamente, não precisa obter o mesmo nível de esterilização na sua cervejaria caseira do que se espera de um centro cirúrgico.

Sabão por espuma

As substâncias sintéticas usadas para limpeza dos equipamentos de fabricação caseira incluem produtos à base de iodo, amônia, cloro e soda cáustica, e pelo menos um produto ecológico que usa percarbonato. A seguir, estão os prós e contras de várias dessas substâncias:

» O *iodo* é muito usado na medicina e na indústria de restaurantes como desinfetante. As propriedades desinfetantes do iodo podem ser aplicadas na fabricação caseira, mas, a não ser que a solução de iodo esteja bem diluída, pode manchar os plásticos, assim como a pele humana. (Dilua o iodo de acordo com as instruções da embalagem.)

» A *amônia* é mais bem usada para limpar garrafas em uma diluição de 1 copo de amônia para 19 litros de água — se você aguentar o odor pungente. A amônia necessita de um bom enxágue com água quente.

» O *cloro* está na água sanitária que se usa em casa, e é muito eficiente e de bom custo-benefício para a limpeza de equipamentos de fabricação caseira. Uma solução diluída de 29,6 ml para cada 3,8 litros é suficiente, fazendo com que 3,8 litros de água sanitária saiam bem em conta. Certifique-se de comprar água sanitária *sem cheiro* e de enxaguar os equipamentos muito bem após o uso. A boa e velha água sanitária é a melhor.

CUIDADO Só para você não se empolgar nos procedimentos de higienização, *nunca* misture amônia com cloro. Essa combinação libera o tóxico gás clórico.

» A *soda cáustica* só deve ser usada para remover manchas difíceis e material orgânico teimoso das garrafas ou de frascos de vidro. Sempre use proteção, como óculos e luvas de plástico, quando trabalhar com a soda cáustica. Certifique-se, também, de sempre a usar de acordo com as instruções na embalagem.

» Os *percarbonatos* supostamente efetuam suas atividades de limpeza com moléculas de oxigênio — exatamente como, já não sei. Os higienizadores que contêm percarbonatos não precisam de enxágue. (Sempre use os percarbonatos de acordo com as instruções da embalagem.)

Muitas marcas de higienizadores — incluindo Iodophor, One Step e B-Bright — estão disponíveis em distribuidores de equipamentos de fabricação caseira. A capacidade desses produtos em higienizar os equipamentos está em proporção com a maneira como são usados, significando que se você não seguir as instruções não pode culpar o fabricante por um lote estragado de cerveja.

No Brasil, é comum o uso do ácido peracético, peróxido altamente eficiente na sanitização de plásticos e garrafas.

Práticas gerais de limpeza

Esterilizar e higienizar seu equipamento é o sexto passo no processo de fabricação (veja a seção, mais à frente, "Preparar, avançar e cozinhar!"). O melhor lugar para fazer esse procedimento é em um tanque ou em uma pia grande. (Uma banheira também serve, mas lembre-se de que os banheiros carregam milhares de bactérias e, às vezes, crianças pequenas. Remova as duas coisas antes de a usar.) Os métodos mais eficientes de higienizar envolvem deixar de molho em vez de esfregar.

O tempo de molho depende totalmente do tipo de produto que você está usando, portanto, sempre confira as instruções na embalagem.

DICA Nunca use produtos abrasivos ou materiais que possam arranhar seu equipamento plástico, pois arranhados são ótimos esconderijos para bactérias. Uma esponja macia, usada somente para a limpeza dos equipamentos de fabricação caseira, é o que se deve usar.

Seguindo Passo a Passo as Instruções de Fabricação Caseira

Fazer e envasar um lote de cerveja, como construir Roma, não pode ser feito em um dia. Por outro lado, também não demora muito mais do que isso. Como o mosto cru e doce precisa passar pela fermentação antes de se tornar oficialmente cerveja, o envasamento só pode ocorrer após a fermentação estar completa. A fermentação de um lote de 19 litros geralmente demora pelo menos sete dias, dependendo da levedura. Portanto, você precisa reservar dois dias, com uma semana de intervalo, para esse trabalho. Se dê um tempo de três horas diárias para preparar, cozinhar (ou envasar) e limpar. A paciência é uma virtude; uma boa cerveja caseira é o prêmio em si.

Nas próximas seções, descrevo cada estágio do processo de fabricação caseira para iniciantes, desde o cozimento inicial até o envasamento e registro.

LEMBRE-SE Tudo o que entrar em contato com a cerveja pode potencialmente a contaminar. Mantenha seus equipamentos limpos, sua cervejaria limpa, suas mãos limpas e tenha como prática a boa higiene; cada tossida ou espirro é uma ameaça à sua cerveja. Você pode até considerar banir os cachorros da área de fabricação até a hora da limpeza. A cerveja não é coisa séria, mas a higienização, sim.

Preparar, apontar e cozinhar!

Ok, agora chegou a hora de fazer cerveja. Certifique-se de ter todos os equipamentos e ingredientes à mão antes de iniciar. Sem mais delongas, aqui estão os passos para fazer uma simples cerveja de extrato:

1. **Encha dois terços de sua panela de fervura com água fria e coloque-a no fogão, com o fogo médio-alto.**

    Use o maior queimador do fogão disponível.

    DICA

    A quantidade de água usada nesse passo não é importante, mas você deve ferver o máximo possível. Não se preocupe — você compensará a diferença em 19 litros adicionando mais água ao fermentador mais tarde (no Passo 12).

2. **Esquente o grosso xarope de malte para torná-lo menos viscoso e mais fácil de retirar da lata (ou do saco).**

    Você pode esquentá-lo imergindo-o em água quente por mais ou menos 5 minutos.

3. **Abra a lata ou saco, coloque todo o extrato na panela de fervura e use sua pá cervejeira virgem para dar uma boa e vigorosa misturada.**

4. **Coloque um timer ou anote a hora em que colocou o malte na panela. Ferva destampado por 1 hora, mexendo regularmente e mantendo a panela fervendo devagar.**

    O tempo de fervura mínimo universal é de 1 hora — o tempo necessário para misturar e ferver os ingredientes adequadamente.

    LEMBRE-SE

    Esteja preparado para reduzir ou desligar o fogo — ou jogar uma mão cheia de cubos de gelo — se a espuma ameaçar transbordar. Misturar regularmente previne que o extrato queime, um problema especialmente comum em fogões elétricos.

CUIDADO — Coisas grudentas e doces espalhadas pelo fogão não são nada bom — sem falar no desperdício potencial de cerveja. Portanto, lembre-se, para prevenir transbordamentos, *não* tampe a panela.

5. Adicione os lúpulos à panela de fervura de acordo com sua receita.

Os lúpulos são normalmente adicionados à panela em pequenos incrementos de 28g ou 14g por vez. Eles também são normalmente adicionados em intervalos de 15 minutos a 30 minutos. A hora certa afeta o aroma e o sabor da cerveja; os lúpulos adicionados cedo ao processo de fervura adicionam mais amargor à cerveja, enquanto lúpulos adicionados mais tarde produzem mais aroma. Os lúpulos adicionados na última meia hora da 1 hora de fervura contribuem para dar o sabor do lúpulo à cerveja.

6. Enquanto o extrato está fervendo, higienize os equipamentos que precisará para a fermentação.

Os itens que você precisa higienizar são:

- O balde de fermentação e a tampa
- O airlock ou bubbler desmontado
- O anel de vedação
- Uma xícara de café ou pequeno pote (para a levedura)
- Hidrômetro de tripla escala (não o cilindro)

Coloque o balde no tanque (ou pia grande) e comece a despejar água gelada nele. Adicione os produtos químicos de limpeza, de acordo com as instruções da embalagem, ou 29,6ml de água sanitária sem cheiro para cada 3,8 litros de água. Deixe a água encher o balde; e depois a desligue. Mergulhe o restante dos equipamentos no balde, incluindo a tampa do balde (você terá que fazer uma forcinha).

Agora abra uma cerveja; você tem tempo para gastar. Enquanto isso, mexa a panela de fervura. (Com a pá, não a garrafa de cerveja!)

7. Após meia hora, remova e enxágue os equipamentos higienizados.

Se seu balde fermentador tem uma torneira (*spigot*), retire a água através dela para higienizá-la também. Enxágue tudo com água quente e coloque os itens em uma superfície limpa. Deixe secar naturalmente.

DICA

A tampa do balde de fermentação, colocada de cabeça para baixo, é um bom lugar para colocar os itens menores.

8. Quando 1 hora se passar desde que adicionou o extrato, desligue o fogo e agora coloque a tampa na panela de fervura.

9. Esfrie o mosto (após ser misturado com água, o extrato fervido é transformado em mosto).

Coloque uma tampa no ralo e cuidadosamente coloque a panela de fervura no tanque. Deixe cair água gelada da torneira até encher a pia, certificando-se de que não deixará a água entrar na panela e no mosto fervido. O calor da panela será retirado pela água fria, que não ficará fria por muito tempo.

Despeje a água e repita esse processo duas ou três vezes, ou quantas vezes forem necessárias. Quando a água em volta da panela não ficar mais morna nos primeiros minutos, você pode parar.

DICA

Adicionar gelo à água acelera o processo de resfriamento. Se você mora em um lugar frio, barras de neve funcionam bem para resfriar o mosto. *Não* adicione gelo diretamente na panela, ou você pode contaminar o mosto.

LEMBRE-SE

Você precisa resfriar o mosto o mais rápido possível nesse momento, pois o resfriamento inibe a proliferação de bactérias e prepara o mosto para a adição da levedura. Tudo o que acelera o tempo de resfriamento é um passo positivo no caminho da fabricação de uma

CAPÍTULO 18 **Fabricando Cerveja em Casa**   223

boa cerveja, e, por isso, você talvez queira construir ou comprar um chiller de mosto.

10. **Enquanto o mosto está resfriando, encha seu copo ou pote higienizado com água morna (mais ou menos 27 graus Celsius), abra o pacote de levedura e jogue-a na água.**

Para evitar contaminação, não mexa. Deixe a mistura descansar por 10 minutos, coberta com papel filme para evitar a contaminação pelo ar. Esse processo, chamado de *proofing* (ou *start da levedura*), é um leve toque de despertar para a levedura dormente que a prepara para a fermentação.

11. **Quando a panela de fervura estiver fria ao toque, cuidadosamente despeje o mosto resfriado no balde de fermentação higienizado.**

Certifique-se de que a torneira (spigot) esteja fechada (você não vai querer nem pensar nas consequências de a deixar aberta).

12. **Complete o balde com água mineral gelada (ou da pia, se a qualidade de sua água for aceitável) até a marca de 19 litros.**

A levedura necessita de oxigênio para começar a fase respiratória do ciclo de fermentação. Despejar vigorosamente água gelada no balde é uma maneira eficiente de misturar a água ao mosto, assim como aerar o mosto para a levedura.

13. **Faça uma medição com o hidrômetro (opcional).**

DICA

Ao imergir o hidrômetro higienizado no agora diluído mosto, dê uma rápida rodada no hidrômetro com o dedão e o indicador. Essa ação previne que pequenas bolhas grudem nos lados do hidrômetro, que podem causar uma leitura incorreta.

Registre os números nas escalas e o remova.

14. **Despeje a levedura no mosto resfriado para iniciar o processo de fermentação.**

Os cervejeiros chamam este passo de *pitching* da levedura. Para não destruir a levedura viva, o mosto precisa estar resfriado em aproximadamente 27 graus Celsius; 21 graus Celsius são o ideal. Delicadamente, despeje a levedura em um grande círculo para dispersá-la bem.

15. **Feche o balde fermentador com sua tampa, deixando o airlock ou bubbler para fora, e coloque o balde em um lugar fresco e escuro, como no porão ou armário.**

CUIDADO

Não coloque o balde na luz do sol direta ou em algum lugar em que a temperatura oscile (como na garagem). Essas oscilações de temperatura acabam com o processo natural de fermentação, o que não é bom para sua cerveja.

16. **Quando o balde de fermentação estiver no lugar, acople o anel de vedação ao airlock, encha-o pela metade com água e coloque a tampa do airlock; depois coloque o airlock (bubbler) firmemente no buraco da tampa do balde.**

DICA

Para garantir que a tampa do balde e o airlock estejam apropriadamente selados, cuidadosamente empurre a tampa para baixo. Esse empurrão deve fazer a peça flutuante levantar. Se a peça flutuante não subir, o selo está rachado; cheque a tampa e o airlock.

17. **Espere sete ou oito dias.**

Esse é o passo mais difícil, especialmente para os novatos.

Fermentação fabulosa

A atividade de fermentação começa em qualquer momento nas primeiras 12 a 24 horas após você adicionar a levedura ao mosto. A fermentação começa devagar, aumentando gradualmente de intensidade, e geralmente atinge o auge no segundo ou terceiro dia. Quando a fermentação atinge seu pico, o airlock faz o barulho de um pistão de motor, com bolhas de dióxido de carbono fazendo sua rápida saída do balde. Uma cheirada de leve no gás que está escapando lhe dá a primeira experiência aromática da fabricação cervejeira.

CUIDADO

Deixe o balde fermentador sozinho durante a fermentação. O tempo exato de fermentação depende da saúde e viabilidade da levedura e da temperatura na qual a fermentação acontece. Até quando a atividade diminuir e as bolhas no airlock começarem a subir devagar, uma de cada vez, a fermentação ainda pode estar acontecendo por mais alguns dias. Seja paciente. *Não* remova o airlock ou a tampa do balde para dar uma olhadinha; você corre o risco de contaminar a cerveja. A regra geral é esperar no mínimo sete dias.

No sétimo dia de fermentação, comece a prestar bastante atenção à cerveja (não, não é o dia de descanso). Com o auxílio de um relógio que possua o ponteiro dos segundos, conte o tempo entre as bolhas que insurgem do airlock. Quando um minuto ou mais se passa entre as bolhas, planeje o envasamento para o dia seguinte ou logo depois. Se, após sete dias, a peça flutuante no airlock não estiver nem mais flutuando, você deve começar o envasamento.

Se você possui um hidrômetro, encha o cilindro do hidrômetro com uma amostra da cerveja através da torneira no balde fermentador e faça uma leitura com o hidrômetro para verificar se a fermentação está completa.

DICA

Após fazer a leitura com o hidrômetro, não despeje a amostra do cilindro de volta junto com o resto da cerveja; fazer isso pode contaminá-la. Mais importante, não jogue a amostra no ralo da pia; ela pode não estar carbonatada, mas ainda assim é cerveja boa, portanto, beba. Você pode se surpreender com o quanto ela já está saborosa. Ah!

Engarrafando

Após você certificar que a cerveja está totalmente fermentada, os equipamentos de envasamento devidamente recuperados e os bichinhos de estimação devidamente em quarentena, você está pronto para iniciar os procedimentos de envasamento.

Como sempre, iniciamos com a higienização de todo o equipamento necessário, que inclui o seguinte:

- Garrafas
- Balde de envasamento
- Tubo de envasamento
- Mangueira plástica

Além dos itens a serem higienizados e o agente higienizador, você precisa do seguinte equipamento:

- Escova de garrafa
- Fixador de tampinhas
- Tampinhas
- Lavador de garrafas
- ¾ copo de dextrose
- Duas panelas pequenas

Você também precisará do seu hidrômetro e cilindro para medir a gravidade da sua cerveja, mas esses itens não precisam ser higienizados.

Siga estes passos para engarrafar sua cerveja:

1. **Encha a pia ou balde designado para higienização com três quartos de água fria. Adicione água sanitária ou outro agente sanitário, como indicado na embalagem, e mergulhe todas as garrafas necessárias para conter o lote inteiro de 19 litros de cerveja.**

Permita que as garrafas fiquem de molho por pelo menos meia hora (ou de acordo com as indicações na embalagem).

2. **Enquanto as garrafas estão de molho, coloque ¾ de copo de dextrose (aproximadamente 177ml) em uma das panelas, dissolva a dextrose em 500ml de água, tampe e coloque a panela no fogo baixo.**

3. **Na outra panela, coloque tampinhas suficientes para todas as garrafas que estão de molho e mais umas extras. Encha a panela com água suficiente para cobrir todas as tampinhas e coloque a panela no fogo baixo.**

DICA

Ter mais tampinhas esterilizadas e prontas para o envasamento é melhor do que não ter o suficiente.

4. **Permita que o conteúdo das duas panelas ferva. Então, desligue o fogo e deixe esfriar.**

5. **Quando se passar meia hora, limpe as garrafas.**

Conecte o lavador de garrafas à torneira da pia na qual as garrafas estão de molho e ligue a água quente (o lavador de garrafas segura a pressão da água até a garrafa ser rebaixada na haste e empurrada para baixo). Em seguida, limpe as garrafas uma por uma com a escova de garrafa, retire o higienizador, enxágue as garrafas com o lavador de garrafas e permita que sequem ao ar livre. Continue até todas as garrafas estarem limpas. Verifique visualmente a limpeza de cada garrafa em vez de partir do princípio que elas estão higienizadas.

DICA Quatro dúzias de garrafas soltas resultam em um grande efeito dominó. Sempre coloque as garrafas limpas de volta ao engradado ou em caixas de papelão para prevenir um acidente facilmente evitável.

6. **Escorra a água de limpeza das garrafas pelo ralo e coloque o balde de envasamento na pia. Encha o balde com água e o agente higienizador de sua escolha. Então, coloque a mangueira e o tubo de envasamento no balde de envasamento e deixe de molho.**

7. **Enquanto o equipamento de envasamento está de molho, pegue o balde fermentador ainda tampado de seu lugar de descanso e coloque em uma mesa ou superfície resistentes com 1m a 1,20m do chão.**

8. **Arrume sua estação de envasamento, certificando-se de que tem o açúcar de preparo (dextrose) e as tampinhas — ainda em suas respectivas panelas — assim como o fixador de tampinhas e as garrafas.**

Se estiver fazendo a leitura da gravidade, tenha seu hidrômetro e cilindro à mão também.

9. **Após meia hora, retire a solução higienizadora do balde de envasamento através da torneirinha embaixo. Então, enxágue vigorosamente as partes restantes do equipamento, junto com as garrafas, e leve para sua estação de envasamento.**

Assobie enquanto trabalha.

10. **Coloque o balde de envasamento no chão diretamente embaixo do balde fermentador e conecte a mangueira plástica à torneirinha do balde fermentador, permitindo que a outra saída da mangueira fique pendurada no balde de envasamento. Despeje a mistura de dextrose-água de uma panela dentro do balde de envasamento.**

CAPÍTULO 18 **Fabricando Cerveja em Casa**

O açúcar de milho dissolvido se mistura com a cerveja enquanto ela sai do balde fermentador para o de envasamento; esse processo é chamado de *priming*. Após toda a cerveja ser envasada, esse açúcar se torna outra fonte de alimento para as poucas células de levedura que ainda permanecem no líquido. À medida que a levedura consome o açúcar, produz a carbonatação da cerveja dentro da garrafa. Eventualmente, a levedura adormece e cria uma fina camada de sedimento no fundo de cada garrafa.

CUIDADO

Se por acaso sua cerveja não estiver totalmente fermentada ou se você adicionou muita dextrose no momento do envasamento, você pode descobrir de primeira mão a bagunça que as garrafas explodindo podem fazer. Açúcar em excesso — seja a maltose restante de uma fermentação não completa ou o açúcar de milho adicionado — alimenta em excesso a levedura dentro da garrafa fechada. Sem nenhum lugar para a pressão escapar, o vidro irá ceder antes da tampinha. Cabum! Grande bagunça! Não exceda na preparação! (Lembre-se de que a quantidade recomendada de açúcar para adicionar é de ¾ de copo.)

11. Abra a torneirinha no balde fermentador e permita que a cerveja caia no balde de envasamento.

Não tente salvar cada gota do balde fermentador, inclinando-o enquanto a cerveja desce da torneirinha. A torneira está intencionalmente posicionada a aproximadamente ¾ de cm acima do fundo do balde fermentador para permitir que toda a levedura gasta e outros resíduos orgânicos fiquem para trás.

12. Prepare-se para fazer uma leitura da gravidade.

Enquanto a cerveja escorre do balde fermentador para o de envasamento, cuidadosamente encha o cilindro do hidrômetro com a mangueira (encha até uns 2,5cm do topo). Coloque o cilindro em uma superfície plana e faça a leitura com seu hidrômetro. Beba a cerveja sem gás do cilindro.

CUIDADO Evite respingar ou aerar sua cerveja enquanto a envasa. Mais tarde você poderá sentir o gosto de qualquer oxidação que a cerveja pegar agora. Eca!

13. **Após a ultima porção de cerveja ser retirada, feche a torneirinha, retire a mangueira e coloque todos os equipamentos de lado para serem limpos após você acabar o envasamento.**

14. **Cuidadosamente, coloque o balde de envasamento onde o de fermentação estava. Conecte a mangueira enxaguada à torneirinha do balde de envasamento e acople o tubo de envasamento ao outro lado. Arrume todas as garrafas no chão diretamente abaixo do balde de envasamento.**

DICA Manter todas as garrafas nas caixas de papelão previne potenciais quebras e derramamentos.

15. **Abra a torneirinha no balde de envasamento e encha as garrafas.**

Cuidadosamente, enfie o tubo de envasamento até o fundo de cada garrafa para iniciar o fluxo de cerveja. A garrafa pode demorar um pouquinho para encher, mas o fluxo sempre parece acelerar à medida que a cerveja vai chegando ao topo. Geralmente, um pouco de espuma sobe até o topo da garrafa — não se preocupe! Assim que você retira o tubo, o nível de líquido na garrafa cai. Remova o tubo de cada garrafa quando a espuma ou líquido atingirem o topo da garrafa.

DICA Ao remover o tubo de envasamento da garrafa, o nível de cerveja cairá para mais ou menos 2cm da abertura da garrafa. Esse espaço de ar é chamado de *ullage*. Os fabricantes caseiros possuem opiniões diferentes sobre quanto espaço de ar deve permanecer. Algumas pessoas dizem que quanto menos espaço de ar, menos oxidação ocorrerá; outras dizem que 3cm a ullage adequada a cerveja não carbonatará apropriadamente. Em vez de entrar na briga, eu digo que se o espaço de ar se parece com o das cervejas comerciais, siga esse padrão.

CAPÍTULO 18 **Fabricando Cerveja em Casa** 231

16. Após retirar tudo do balde de envasamento, feche a torneira, remova a mangueira, jogue a mangueira dentro do balde de envasamento e reserve tudo para ser limpo mais tarde.

17. Coloque todas as garrafas na sua mesa ou superfície de trabalho, coloque uma tampa em cada garrafa (como segurança contra tudo o que pode dar errado) e vede uma garrafa por vez. Abaixe a alavanca no fixador de tampinhas devagar e uniformemente.

Ambos os fixadores, de dupla alavanca ou bench, vêm com um pequeno ímã na cabeça do fixador, que é desenvolvido para manter a tampinha alinhada quando você começa a cravar. (Aprendi a não confiar no ímã que segura as tampinhas no lugar; prefiro colocá-las nas garrafas à mão.)

DICA

Ocasionalmente, uma tampa pode cravar errado. Se você suspeita que uma tampinha não selou corretamente, vire a garrafa de lado e veja se há algum vazamento. Se encontrar uma assim, arranque a tampinha e a substitua. (Você esterilizou umas extras, certo?)

18. Guarde seu precioso líquido em um local escuro (como o lugar em que guardou o balde fermentador) por duas semanas.

Sua cerveja precisa passar por uma fase de condicionamento de duas semanas, em que as células de levedura remanescentes comem a dextrose e carbonatam sua cerveja.

CUIDADO

Colocar sua cerveja na geladeira não é uma boa ideia (pelo menos pelas primeiras duas semanas), porque as temperaturas muito frias paralisam a ação da levedura.

19. Enxágue vigorosamente os equipamentos de fabricação com água quente e guarde-os em um local relativamente livre de poeira e mofo.

Esse passo pode até ser o mais importante de todos, não tanto pela sua nova cerveja, mas para a próxima. Considere esse procedimento como uma apólice de seguro para seu próximo lote de cerveja — chato, mas que vale a pena, como a maioria das apólices de seguro.

Após duas semanas se passarem, verifique se as garrafas clarificaram; a turvação da levedura deve ter se assentado. Gele uma garrafa ou duas para o teste do sabor.

DICA

A cerveja caseira, como qualquer cerveja comercial, deve ser decantada (despejada em um copo) antes de beber. A decantação não só libera a carbonatação e os aromas da cerveja, como também permite que você despeje uma cerveja clara; beber direto da garrafa mistura os sedimentos, criando uma cerveja turva.

Parabéns! Seu primeiro lote de cerveja está pronto para ser saboreado. Como você pode ver nesta seção e nas anteriores, a fabricação caseira neste nível é fácil. Você está criando uma cerveja estritamente de um kit: você apenas adiciona um concentrado de cerveja à água e então esquenta, fermenta e envasa. Se você sabe fazer pães básicos, sabe fazer uma cerveja gostosa.

Mantendo registros

O objetivo principal de todo fabricante caseiro é criar uma cerveja saborosa e bebível. Apesar de a qualidade ser um objetivo nobre, a *consistência* é a marca de todo fabricante caseiro bem-sucedido.

Você pode atingir tanto qualidade quanto consistência em um período curto de tempo com a ajuda de registros precisos. Por mais pedante que possa parecer, manter registros sobre as horas, temperaturas, pesos e medidas estabelece um padrão para o fabricante caseiro. Esses registros não só dizem o que deu certo, mas também — e mais importante — o que pode ter dado errado. Você pode catalogar e arquivar os sucessos e falhas para consideração futura.

Se você começar esse bom hábito cedo, o registro nos níveis intermediários e avançados — quando é muito mais importante — será muito mais fácil e valerá o esforço.